NHK

「風雲！大歴史実験」

日本史ミステリーの科学

一ノ谷の戦い「逆落とし」から、
新選組「池田屋事件」まで！

編／NHK「風雲！大歴史実験」制作班
題字／大鹿洋江

宝島社

木曽馬の里
（長野県木曽郡木曽町）

複数の実験の会場

川中島の戦い

長野県長野市
（写真：アフロ）

松代城
（長野県長野市）

大坂冬の陣・真田丸 実験会場

やぶはら高原スキー場
（長野県木曽郡木祖村）

一ノ谷の戦い・鵯越の逆落とし
実験会場

日野市立南平体育館
（東京都日野市）

池田屋事件 実験会場

秩父大増体育館
（埼玉県秩父市）
池田屋事件 実験会場
※現在は取り壊し

ニッコー栃木綜合射撃場
（栃木県栃木市）長篠の戦い 実験会場

旧東秩父村立西小学校
（埼玉県秩父郡東秩父村）

大坂冬の陣・真田丸 実験会場
※現在は取り壊し

中央サーキット藤野
（神奈川県相模原市）

長篠の戦い 実験会場

都幾川河川敷（埼玉県比企郡嵐山町
壇ノ浦の戦い 実験会場

鎌倉から江戸幕末までの主な歴史

※緑字は本書に関連の事項。赤字は世界の歴史

年	主な出来事
1167	平清盛が太政大臣になる
1180	源頼朝挙兵
1181	平清盛死去
1184	一ノ谷の戦い
1185	壇ノ浦の戦いで平氏が滅ぶ
1189	衣川の戦いで源義経自刃
1192	源頼朝が征夷大将軍に 鎌倉幕府の開設
1206	モンゴル帝国建国
1274	元寇、文永の役。1281　弘安の役
1333	鎌倉幕府滅亡
1333	後醍醐天皇による建武の新政
1336	南北朝時代はじまる
1338	足利尊氏が征夷大将軍になる
1368	明の建国
1392	南北朝の合一
1467	応仁の乱はじまる
1492	コロンブスがアメリカ大陸到達
1517	ルターの宗教改革はじまる
1519	マゼラン一行が世界一周へ
1526	インドにムガル帝国
1533	スペインがインカ帝国を滅ぼす
1534	イエズス会創立
1543	種子島に鉄砲伝来
1549	ザビエルがキリスト教を伝える
1560	桶狭間の戦い
1561	第四次川中島の戦い
1568	織田信長が将軍足利義昭を奉じて入京
1573	信長が義昭を京から追放

白石城
（宮城県白石市）

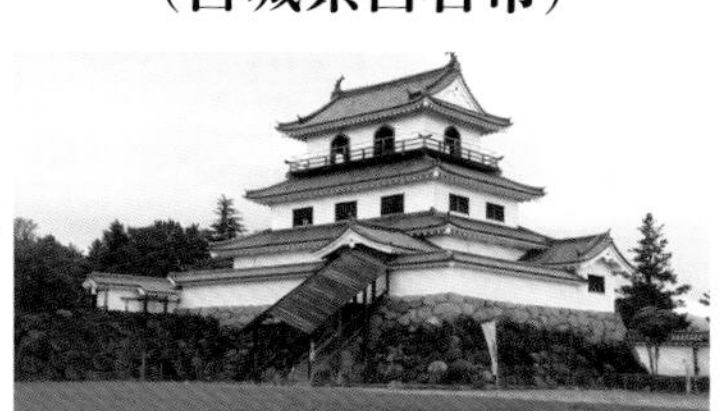

大坂冬の陣・真田丸 実験会場

旧長生高等技術専門校グラウンド
（千葉県長生郡長生村）

川中島の戦い 実験会場

逗子海岸
（神奈川県逗子市）

壇ノ浦の戦い 実験会場

第一章 源平合戦 9

第二章 戦国時代 33

第三章 織豊時代 57

第四章

第五章

「風雲!ナ

番組で実験した戦いや事件な

1575	長篠の戦い
1582	本能寺の変　信長死去
1583	羽柴秀吉の美濃大返し、賤ヶ岳の戦い
1583	大坂城築城開始
1585	秀吉が関白になる
1587	バテレン追放令
1588	秀吉、全支配領域に刀狩令を発布
1588	イギリスがスペイン無敵艦隊を撃退
1590	秀吉、天下統一
1592	秀吉、朝鮮出兵、文禄の役
1597	秀吉、朝鮮出兵、慶長の役
1598	秀吉死去
1600	関ヶ原の戦い
1603	徳川家康が征夷大将軍になる　江戸幕府の開設
1614	大坂冬の陣　真田信繁、真田丸で戦う
1615	大坂夏の陣で豊臣氏が滅亡　信繁戦死
1616	家康死去
1635	日本人の海外渡航を禁止　参勤交代を制度化
1637	島原の乱
1639	ポルトガル船の来航を禁止
1641	オランダ商館を長崎・出島に移す
1644	明が滅びる
1688	イギリスで名誉革命
1716	徳川吉宗の享保の改革はじまる
1776	アメリカ独立宣言
1787	松平定信の寛政の改革はじまる
1789	フランス革命はじまる
1837	大塩平八郎の乱
1840	アヘン戦争
1841	水野忠邦の天保の改革はじまる
1851	清国で太平天国の乱はじまる
1853	ペリーが浦賀に来航
1854	日米和親条約を結び、開国
1858	日米修好通商条約締結　安政の大獄
1860	桜田門外で大老井伊直弼が暗殺
1861	アメリカで南北戦争はじまる
1863	薩英戦争　新選組結成
1864	池田屋事件
1866	薩長同盟が成立し討幕運動加速
1867	徳川慶喜、朝廷に大政を奉還　王政復古の大号令　新政府の発足
1868	鳥羽・伏見の戦い　近藤勇死去　戊辰戦争はじまる
1869	新選組、土方歳三戦死

青海島 沿岸付近海上
（山口県長門市）

壇ノ浦の戦い 実験会場

壇ノ浦の戦い

山口県下関市
関門海峡の一部
（写真：アフロ）

〔大〕歴史実験」マップ

〔…〕この場所と、主な実験会場を紹介！

一ノ谷の戦い

兵庫県神戸市

美濃大返し

岐阜県大垣市〜
滋賀県長浜市木之本
（写真は滋賀県米原市・春照八幡神社）

清洲城
（愛知県清須市）

桶狭間の戦い・長柄槍
実験会場

小豆島福田地区
（香川県小豆郡小豆島町）

大坂城の石垣 実験会場

大坂城の石垣
大坂冬の陣・真田丸

大阪府大阪市 大阪城
（写真：アフロ）

網の浦海岸
（山口県宇部市）

壇ノ浦の戦い 実験会場

池田屋事件

京都府京都市中京区
（写真：アフロ）

桶狭間の戦い

愛知県名古屋市緑区
豊明市のあたり（写真：アフロ）

豊明市勅使グラウンド
（愛知県豊明市）

桶狭間の戦い 実験会場

長篠の戦い

設楽原決戦場
（愛知県新城市）

はじめに

本書はNHKのBSプレミアムで放送されている「風雲！大歴史実験」を書籍化したものです。「風雲！大歴史実験」は、時代のターニングポイントとなった戦いや事件にスポットをあて、その真の姿を実験で検証する歴史エンターテインメントです。おかげさまでたいへん好評を得てきました。その秘密は、歴史上の定説に科学の力で挑むところにあると思っています。

有名な合戦や事件には定説があります。合戦でいえば、どういう戦いだったか、どうやって決着がついたか、だいたいのことはよく知られています。例えば、織田信長が今川義元の大軍を破った桶狭間の戦いは、信長が油断する今川軍を側面から奇襲したから勝てた、とされています。しかし、本当にそうなのでしょうか。

定説の多くは、後の時代の軍記や物語の影響を強く受けています。それらは、デフォルメや創作を加えて作られた、半分架空のお話。そう、定説はウソなのかもしれないのです。そこで、実験という科学の手法で、本当はどうだったのかを明らかにしようという試みです。

源義経が平家を滅ぼした壇ノ浦の戦い。その勝因は、潮の流れが変わって源氏軍の船が有利になったから、というのが定説でした。しかし、実験してみると、潮流は勝敗を左右しませんでした。やはり定説はウソだったのです。では、なぜ義経は勝てたのか？

逆に、義経が一ノ谷で平家軍を破った鵯越(ひよどりごえ)の坂落としは、実験によってその可能性が明らかになりました。定説も、まんざらウソばかりではないようです。

川中島の戦いでは、武田信玄に襲いかかった上杉謙信の車懸かりの陣、上杉軍の秘策とされる謎の陣形に、実験で迫ってみました。定説の謎の解明です。

ところで、なぜ、定説の科学的検証にこだわるのか。それは、定説のために見逃されてきた歴史の深層を、見事に教えてくれるからです。「驕る平家は久しからず」の平家が滅びたのは、別に彼らが驕っていたからではありません。新しく登場した開発農民たちが、旧来の価値観を壊していく中で、滅ばざるを得なかったのです。

記録に残らない歴史の真実を、こういう形で掘り起こしていくこと、おもしろくないですか？　そう、きっとあなたも、たまらなくおもしろいと感じるはずです。さあ、ぜひ読んでみてください。

企画・制作統括　アマゾンラテルナ　村中祐一

第一章 源平合戦

風雲！ 大歴史実験

一、源平 一ノ谷の戦い、
鵯越の逆落としの真実
（2018年6月30日放送）

二、源平 壇ノ浦の戦い、
源義経おきて破りの真実
（2016年3月18日放送）

時代を変えた義経の知略と戦い

軍事の天才、義経。第一章はその義経が時代のターニングポイントになる。

この章の主役は源義経である。義経は幼少のころ、父・義朝が平治の乱で敗れた時幼かったことで、平清盛に命を救われ鞍馬寺に預けられた。

彼は、十代の半ばまで、鞍馬寺で学問の傍ら剣と武術を学ぶ。といっても、武術は、修験者に習ったとされ、武家伝来のものではなかった。このことが、義経を、それまでの武士とは違う人物に育てたのかもしれない。

彼は15歳になると鞍馬寺を脱出し奥州藤原家の秀衡を頼って平泉に下っている。そこで彼は馬術を徹底的に修練する。

当時は、平家全盛の時代。平清盛は日宋貿易で巨万の富を築き、天皇に娘を嫁がせ、権威も手に入れた。

やがて朝廷の実力者・後白河法皇と対立すると、クーデターを起こし法皇を幽閉、武士として初めて国政を掌握する。

これに反発したのが法皇の第三皇子、以仁王。彼は全国の武士に平家打倒の令旨を発した。

これに呼応したのが、伊豆に流されていた兄、頼朝である。そして、この兄の下にはせ参じたのが20代前半の若武者、源義経だったのだ。

このページでは、主な源平の戦いの歴史を日本地図で追っておこう。

平泉

⑦ 横田河原の戦い 1181/6/13
源氏軍＝木曽義仲
平家軍＝城助職
●奇襲で義仲軍の勝利

⑨ 般若野の戦い 1183/5/9
源氏軍＝今井四郎兼平【木曽義仲軍】
平家軍＝平盛俊
●平家軍敗れ退却

④ 木曽義仲が挙兵 1180/9/7
●木曽義仲が平氏の家人、笠原頼直を破る

③ 石橋山の戦い 1180/8/23
源氏軍＝源頼朝
平家軍＝大庭景親、伊東祐親
●平家軍により頼朝軍四散。頼朝は椙山を経て箱根山別当行実のもとへ逃げる

② 源頼朝が挙兵 1180/8/17
●佐々木定綱らが堤信遠を討ち、北条時政らが伊勢平氏の山木兼隆を討つ

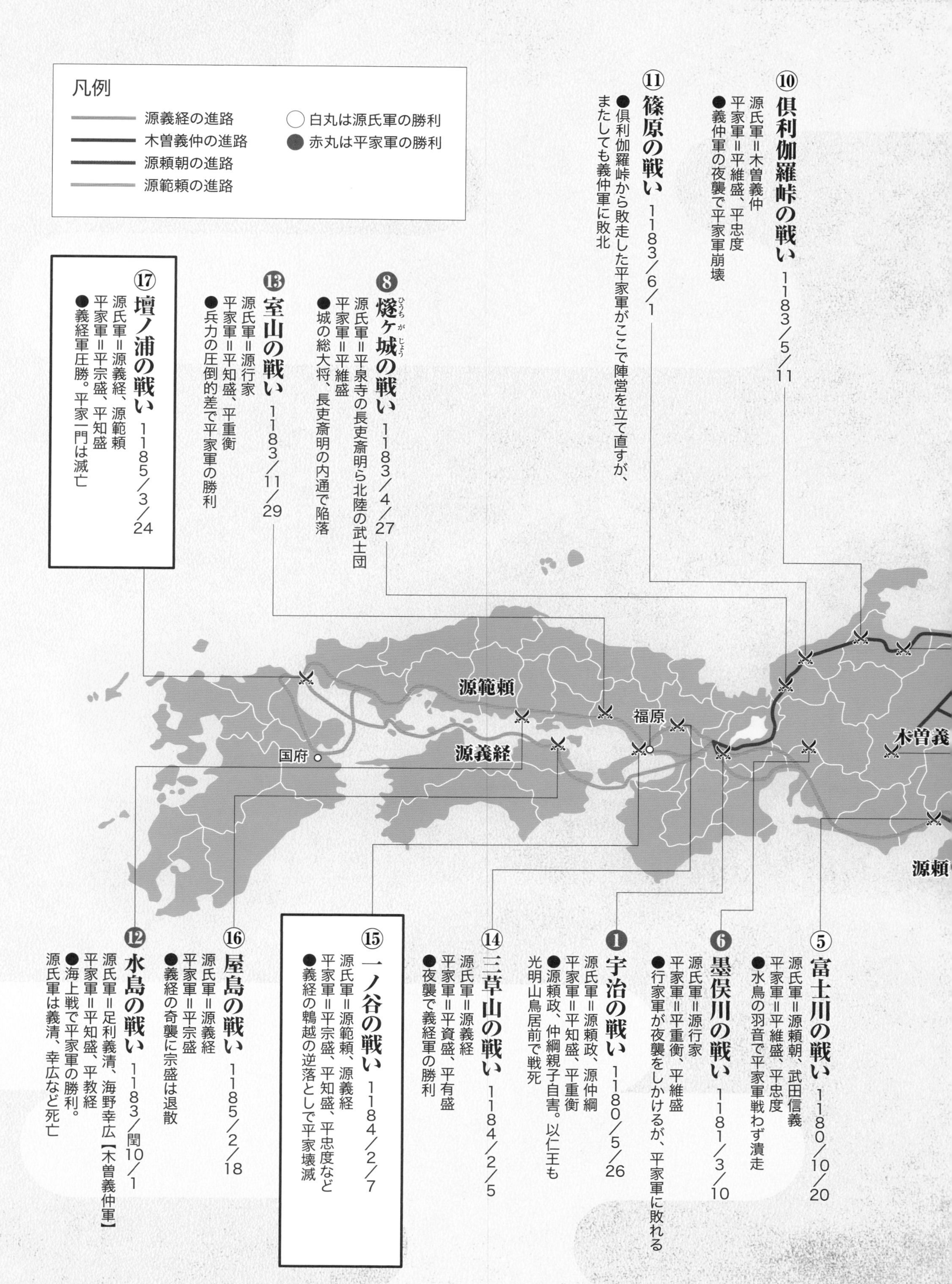

⑩ 倶利伽羅峠の戦い 1183/5/11
源氏軍＝木曽義仲
平家軍＝平維盛、平忠度
●義仲軍の夜襲で平家軍崩壊
⑪ 篠原の戦い 1183/6/1
●倶利伽羅峠から敗走した平家軍がここで陣営を立て直すが、またしても義仲軍に敗北
凡例
源義経の進路
木曽義仲の進路
源頼朝の進路
源範頼の進路
白丸は源氏軍の勝利
赤丸は平家軍の勝利
⑧ 燧ケ城の戦い 1183/4/27
源氏軍＝平泉寺の長吏斎明ら北陸の武士団
平家軍＝平維盛
●城の総大将、長吏斎明の内通で陥落
⑬ 室山の戦い 1183/11/29
源氏軍＝源行家
平家軍＝平知盛、平重衡
●兵力の圧倒的差で平家軍の勝利
⑰ 壇ノ浦の戦い 1185/3/24
源氏軍＝源義経、源範頼
平家軍＝平宗盛、平知盛
●義経軍圧勝。平家一門は滅亡
源範頼
福原
源義経
国府
木曽義
源頼
⑤ 富士川の戦い 1180/10/20
源氏軍＝源頼朝、武田信義
平家軍＝平維盛、平忠度
●水鳥の羽音で平家軍戦わず潰走
⑥ 墨俣川の戦い 1181/3/10
源氏軍＝源行家
平家軍＝平重衡、平維盛
●行家軍が夜襲をしかけるが、平家軍に敗れる
① 宇治の戦い 1180/5/26
源氏軍＝源頼政、源仲綱
平家軍＝平知盛、平重衡
●源頼政、仲綱親子自害。以仁王も光明山鳥居前で戦死
⑭ 三草山の戦い 1184/2/5
源氏軍＝源義経
平家軍＝平資盛、平有盛
●夜襲で義経軍の勝利
⑮ 一ノ谷の戦い 1184/2/7
源氏軍＝源範頼、源義経
平家軍＝平宗盛、平知盛、平忠度など
●義経の鵯越の逆落としで平家壊滅
⑯ 屋島の戦い 1185/2/18
源氏軍＝源義経
平家軍＝平宗盛
●義経の奇襲に宗盛は退散
⑫ 水島の戦い 1183/閏10/1
源氏軍＝足利義清、海野幸広【木曽義仲軍】
平家軍＝平知盛、平教経
●海上戦で平家軍の勝利。源氏軍は義清、幸広など死亡

実験でわかった1

源平 一ノ谷の戦い 鵜越の逆落としの真実

馬を知り尽くしていた義経

奇跡といわれる鵜越の逆落とし。そこには卓越した義経軍の人馬一体の戦いがあった。

鵜越の坂を再現!

平安時代末期の1181年（養和元年）、平清盛逝去。平家を倒そうと源頼朝たちが立ち上がった翌年のことだった。その後、都を追われた平家は平宗盛を総大将にして、瀬戸内海で態勢を立て直し摂津・福原、現在の神戸市に拠点を置いた。

東側は生田の森。西側には一ノ谷の平地に柵を設けて、防衛ラインを設定。山と海に囲まれた天然の要塞だ。源氏軍の主力は鎌倉の源頼朝の下に集まった東国の武士たち。頼朝の弟、範頼と義経に率いられて、はるばる関東から馬に乗り、山を越えて攻め上ってきた。

ま、まさか。馬であの坂を駆け下りるとは!

平 宗盛
イラスト／小宮國春

圧倒的な兵力差を埋めた鵜越の逆落とし

しかし、兵力は攻める源氏軍4千。一方、守る平家軍は数万に上り大きな差があった。源氏軍は二手に分かれた。範頼軍が東の生田を攻め、義経は山を迂回して、西から一ノ谷を攻撃することに。

戦いは二月七日（旧暦）の夜明けとともに始まった。しかし、一ノ谷でも、生田でも、平家軍の堅い守りに源氏軍は苦戦する。この戦いで、形勢を逆転させたのが、源義経のある秘策だとされている。それが、鵜越（ひよどりごえ）の逆落とし。平家の陣地の背後にあった坂を馬で駆け下りて、奇襲攻撃を行ったというのだ。不意を突かれた平家は海に向かって敗走。平家の滅亡は事実上、この時に決まった。

しかし、本来、馬は急な坂道を苦手とする動物だ。馬の足先はひづめに覆われている。これは草原

おそれいったか これが私のやり方だ

源 義経
イラスト／小宮國春

合戦データ

日付	1184年2月7日
場所	摂津国福原・須磨（現・兵庫県神戸市）
平家軍	数万
源氏軍	4千

源平　一ノ谷の戦い

を速く走るのには適しているが、坂や岩場、でこぼこ道を走るのは不向きだとされる。

人を乗せるとなるとさらに難しい。もし、斜面に対して横を向くと、人の体重がかかって、横転してしまう。そのため、斜面に対してまっすぐ下りていくしかないが、うまくバランスがとれなければ、前のめりで坂を転がり落ちる。

義経が平家を奇襲した鵯越の逆落としは、いかにして可能になったのか。それは、現実にはあり得ない作り話にすぎないのか。

大河ドラマで平宗盛として様々な乗馬シーンを演じた鶴見辰吾さんは、こう語る。

「なにしろ、馬で坂を下りるというのは、撮影のスタントマンも嫌がるぐらい、馬を使う人はやりたがらない行為。（平家は）逆落としはできないと思っていたから、ああいう守りをしていた。

僕の勝手な想像だと、イギリスのチーズ祭り、チーズを追っかけて人々がごろごろ転がっていくように、（源氏が）興奮状態の中、なだれこんできて、平家はやられたのではないかなと思います」

果たして馬は人間を乗せて急な坂を下ることができるのか。そこで、歴史の大実験。

逆落としの坂を再現し、実際に下ってみた。

鵯越の急坂を実際に再現

鵯越の逆落としの坂とは、どんな坂だったのか。『平家物語』を見てみると、坂の様子がわかる記述があった。

「流れ落ちるように、坂の途中まで下りて、段になったところで、一度止まった。そこから下を見ると、つるべ落としの坂が、40メートルあまり続いている」

どうやら坂は二段階になっており、下の方がより急だったようだ。

一ノ谷の合戦図

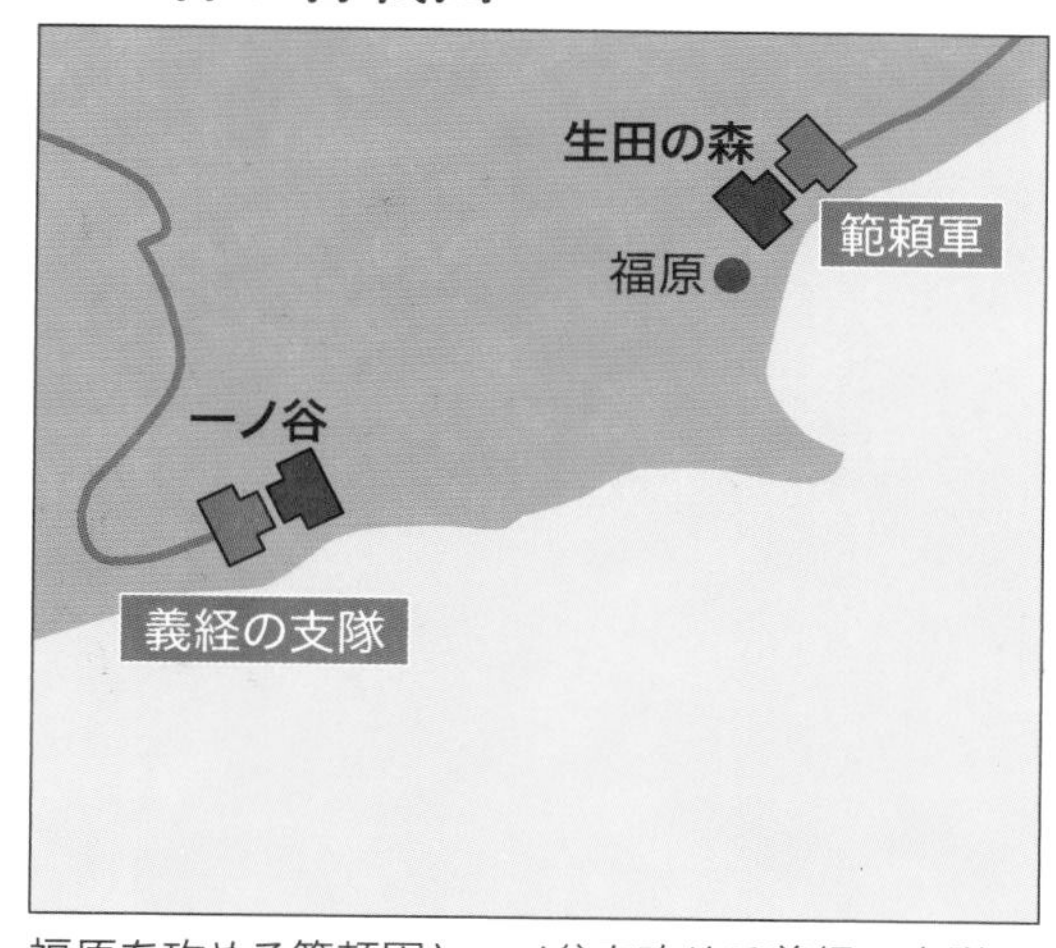

福原を攻める範頼軍と一ノ谷を攻める義経の支隊

義経軍の進撃ルート

須磨村1/20000仮製地形図（明治18年測量、参謀本部陸地測量部）　義経は山道に沿って進攻したと思われる

鵯越から見た一ノ谷

写真中央の赤い屋根の建物のあたりに平家軍の陣地があったと考えられる

歴史学的にいうと、鵯越の逆落としがあったのかどうかはわからない。それが、今の到達点です。というのは、確かに一ノ谷の戦場だったところは急な坂があるのです。しかし、名前は鵯越ではありません。で、鵯越という場所はありますが、そこは急な坂ではないのです。そういうことも含めて、諸説ありというのが、いまのところですね

本郷和人（東京大学教授 日本中世史）

実際に逆落としが行われたという坂はどこだったのか。撮影班は神戸の一ノ谷に向かった。今回調査に協力いただいたのは、兵庫県立歴史博物館学芸員、前田徹さん。

向かったのは、平家が陣を敷いた一ノ谷を望む鉢伏山から鉄拐山にいたる山の斜面。逆落としがあったと考えられる場所に案内してもらった。前田さんがここではないかと考える理由は古くからの山道の存在にあった。

地図上の黄色い線が山道、義経たちはこの山道を通り逆落としの坂まで来たはずだ。

「完全に道なき道を行くのは、重装備の騎馬武者が通ることを想定すると現実的ではありません。す

鵯越の急坂二段目

前田さんが案内してくれた二段目の坂と思われる場所
傾斜30度、長さ45m

鵯越の急坂一段目

前田さんが案内してくれた一段目の坂と思われる場所
傾斜20度、長さ70m

再現された鵯越の急坂

長さ 70m
傾斜 20度
長さ 45m
傾斜 30度

再現された急坂（坂の下から）

ドローンで撮影。
二段目（下側）が急勾配になっているのがわかる

再現された急坂（坂の上から）

二段目（下側）の坂が見えないのは、
急勾配になっているから

でに存在する山道をたどってきたと考えるのが素直かと思います」

義経たちは平家の背後を突くために、この道を急いだのであろう。

「ようやく、眺めのいいところまで来ましたね。一ノ谷の陣地は、直下に見える赤い屋根のマンション辺りです」

山の麓（ふもと）がよく見える、義経たちはここから一ノ谷に陣取った平家軍を見下ろしたに違いない。下りていくと、かなりの坂が続いている。『平家物語』の記述によると、この先にはさらに傾斜が急な坂があるはずだ。

「ここが2段目といえるかもしれません」

前田さんが指示した先には、『平家物語』に記述のあった「つるべ落とし」の急坂が。早速撮影班は、坂を再現して実験するために、長さと傾斜角度を測定した。最初の坂は、傾斜20度、長さ70m。続いて、次の坂はなんと傾斜30度、長さ45mであった。

そして、その坂を再現したのが、長野県木祖村にある、やぶはら高原スキー場のゲレンデ。実験用の急坂ができあがった。

実験Ⅰ

鵯越の急坂を馬で下りることはできたのか？

再現された鵯越の急坂。高低差はなんと50m。これは20階建てのビルの高さに相当。この坂を義経たちは駆け下りた。傾斜20度はスキーのゲレンデだと中級者コース。傾斜30度は上級者コースだ。馬で駆け下りるなど、想定外。

この坂を義経はどう下り攻め込んだのか。いよいよ実験の開始。

実験に挑戦してくれたのは、木曽馬の保護や育成を行っている中川剛さん。木曽馬は日本の在来馬の一つ。源平の合戦が行われた当時に近い馬だ。そして、実験の馬は、木曽馬の小夏ちゃん。

普段、小夏ちゃんは牧場で観光客を乗せて歩くだけ。スキーの上級者コースなど下りたことはない。

急坂を嫌がる木曽馬の小夏ちゃん

急坂を前に中川さん、小夏ちゃんにまたがると、小夏ちゃんは嫌がり、坂の下を見ようともしない。こんな坂は中川さんも初めて。

源義経ならぬ中川さん出陣。傾斜20度、ギクシャクとした足取りで奇襲というには遅すぎる。

そして、いよいよ傾斜30度の坂。中川さんたちは立ち止まって、全く前に進まない。この斜面、馬の上から見ると怖い、小夏ちゃんだけでなく、中川さんもひるんでいる。中川さんが声を出した。

「ダメですね」

ここで、実験終了。逆落としは失敗。傾斜30度を前にギブアップ。

スピードが出ない！

奇襲には遅すぎるスピード。ゆっくりゆっくり進む

坂を嫌がる馬

30度の傾斜に立ち止まってしまった木曽馬の小夏ちゃん

恐怖を感じさせる坂の下

騎手目線の映像。「怖いな、ここから」と思わず声を上げてしまった中川さん

実験データ

挑戦者、中川さん

日本の在来馬である木曽馬の保護や育成を行っている中川剛さん

木曽馬の小夏ちゃん

木曽馬はサラブレッドと比べると体が小さく、少しずんぐりむっくりしている

実験Ⅱ

なぜ、義経は馬を坂の下に落としたのか？

最初の実験は失敗に終わった。失敗した原因は3つ。馬が坂を怖がったこと。騎手も同じく坂に恐怖を感じてしまったこと。そして、奇襲にしてはスピードが遅すぎたこと。

鵯越の逆落としは作り話だったのか。そうでないとすれば、何か秘策があったに違いない。

『平家物語』に次のような記述があった。

「馬ども落いてみんとて　少々落とされたり」

義経は、馬たちを何頭か落としてみようと言って、人が乗っていない馬を落とした。馬を落とすとは、馬を坂の下に下ろすこと。

馬には群れる習性がある 仲間のもとに集まる

義経は自分たちが下りる前に、馬を何頭も坂の下に落としている。しかし、馬が下りることができるかテストするだけなら、貴重な馬を何頭も落とす必要はあったのか。義経には別の狙いがあったはずだ。

義経たちの馬は、なぜ、坂を恐れなかったのか。そこで歴史の大実験。

次なる実験は長野県木曽町にある木曽馬の里。最初の実験に挑戦してくれた中川さんが働いている。中川さんは次のように話す。

「馬は一頭一頭で生活しているわけではなく、群れる性質があります」

馬には群れる習性があり、仲間のもとに集まったり、仲間の後ろをついていったりすることがある。義経は坂の下に仲間がいれば、馬が恐怖心を克服し坂を下りようとすると考えたのかもしれない。

実験は、柵で囲まれたこちらの急坂で行う。

坂の傾斜角は先ほどの実験で小夏ちゃんが怯(ひる)んでしまった30度。いつも一緒に暮らしている4頭の馬に来てもらった。坂を前に、4頭はどんな反応を見せるのか。

しかし、坂を下りるゲートを開けても、いつまでたっても無反応。坂の下を見ようとさえしない。や

坂の下に落とされた馬

土佐左助『平家物語絵巻　巻第9（下）坂落しの事（三）』（林原美術館 蔵）画像提供：林原美術館／DNPartcom

動かない馬たち

坂の上にいて、下を無視する馬たち

実験場所

傾斜30度の坂

木曽馬の里の敷地内に造られた実験場所。傾斜30度の坂を柵で囲んだ

木曽馬の里

木曽馬の里（長野県木曽郡木曽町）。日本の在来馬・木曽馬の飼育、繁殖を行う

がて坂の途中にある草を食べようと、初めて一頭が登場。しかしすぐに後ずさり。

どうやったら、坂を下りようとするのか。義経が馬を坂の下に落としたように4頭のうち1頭を坂の下に下ろすことにした。

果たして、残された3頭の反応は？ それでは、実験スタート。

ゲートを開け、馬をつないでいる手綱を放す。下にいる馬が走り出し、上の馬を呼びに行った。たちまち一頭が坂を下り、あっという間に3頭とも下りてしまった。実験終了。逆落としと同じ急坂を見事に下った。

実験結果

一頭を坂の下に

上の馬を呼びにいく馬

次々と下りてくる馬たち

馬と共に暮らした東国の武士たち

馬は仲間が下にいるのを見ると、かなり急な坂でも怖がらずに下りることができる。群れる習性が馬の恐怖心を抑えたのだ。義経は鵯越の坂を前に、馬たちが坂を下りるよう、仲間の馬を坂の下に「下ろした」のだ。

なぜ、義経は馬の習性をこんなにもよく知っていたのか？

源氏が拠点とする東国は山が多く、生活に欠かせない山仕事は馬が頼りだった。そのために馬を山間部で育てていた。

義経に従った源氏の武士たちの中には、山で馬と暮らし、普段から斜面を上り下りする馬を目にしていた者も多かった。

彼らにとって馬は身近なものであり、その習性を知る機会が多かったのだ。

column

畠山重忠という人物

歌川国芳が描いた『鵯越の逆落し』には、馬を背負って鵯越を下りてくる武将がいる。それが畠山重忠だ。彼は、武蔵国の武将で、武勇の誉れ高く坂東武者の手本とされた人物である。

彼は、いつも、馬に世話になっているからといって、馬を背負って下りたという。非常な力持ちであったといわれるが、馬への愛情も人一倍強かった。まさに、人馬一体を絵に描いたような人物だった。

馬を背負う畠山重忠

歌川国芳『鵯越の逆落し』（山口県立萩美術館・浦上記念館 蔵）

実験Ⅲ

義経たちの逆落としの馬術とは？

義経は鵯越の逆落としの時、坂におびえる家来たちに、馬術の技がしっかりしていれば怖くはないと声をかけたという。では、その馬術とは、どのようなものだったのか。

それを知る手掛かりが明治時代の馬術の教科書、『騎兵操典』にあった。そこには、日本の古式馬術の一端が書き記されている。

急な坂を下りる技のポイントは二つある。一つは、騎手は上半身を後ろに引くこと。もう一つは右手で鞍の後ろをつかむこと。この技で鵯越の坂を下りることができるのか。

15m四方、傾斜25度

やぶはら高原スキー場に造られた実験場所。傾斜30度よりは緩やかだが、それでも急だ

古式馬術の技で坂を下ることができる

こちらは再びやぶはら高原スキー場。古式馬術の奥義で、中川さんと小夏ちゃんに実験をしてもらう。今度の実験の傾斜は25度。30度の角度よりも5度緩やかにしての実験。では、最初の実験。

険しい坂を下りる時は、兵は上半身を後ろに引く。中川さんが上半身を後ろに倒す。小夏ちゃん、今度は心なしか安定している。

次は右手で鞍の後ろを握るポイントを試す。中川さん、右手で鞍をつかんだ。身体がぐっと後ろに倒れる。これならかなりの坂でもまっすぐな姿勢を保ち、下りられそうだ。

小夏ちゃんの後ろ脚を見ると折りたたむように曲げている。これで、馬の姿勢も安定するのだ。

古式馬術のポイント

右手で鞍の後ろをつかむ

鞍の後ろをつかむことで、騎手の不安はより少なくなる

古式馬術のポイント

上半身を後ろに傾ける

後ろに傾けることで、安定感が増す

馬の後ろ脚が曲がる

歌川国芳『鵯越の逆落し』（山口県立萩美術館・浦上記念館 蔵）。馬は後ろ脚を折りたたみ前脚を突っ張ることで安心して下りられる

上半身はまっすぐな姿勢を保つこと

まっすぐな姿勢を保つことで、バランスが崩れない

実験Ⅳ 馬のスピードを上げる方法とは？

逆落としを成功させるためには、さらに問題が残されていた。馬が坂を駆け下りる速さだ。あのスピードでは奇襲を図っても、平宗盛らに気づかれてしまう。義経たちにはどんな秘策があったのか⁉

『平家物語』に気になる記述があった。「えいえいという声をかけながら、馬を元気づけて落とした」

果たして、えいえいという掛け声の効果とは。再び木曽馬の里に戻って実験。今回は中川さんと共にスタッフの髭村悟さんと高橋和佳子さんも参加。掛け声の効果を比較する。

実験データ

挑戦者、木曽馬の里スタッフ

挑戦者の木曽馬の里スタッフ。左から高橋和佳子さん、髭村悟さん。そして中川剛さん

応援のみなさん

馬に声をかけてくれる地元の応援のみなさん

古くから知られていた馬に声をかける効果

果たして、人の掛け声は馬にどんな効果があるのか、掛け声がある場合とない場合のスピードを比べてみた。実験の方法は、100m先にある風船を目指して3頭が一斉にスタート。

馬に乗った騎手が柔らかいウレタン製の棒で風船を叩いたら、ゴール。

掛け声をかけてくれるのは、地元の応援隊の人々。実験の結果は御覧の通り。掛け声がある場合は、ない場合に比べて2秒から3秒速くなっている。

長野県の木曽に伝わる馬子唄。馬で荷物を運ぶ時、峠などの難所で、馬を元気付けるために歌われたという。古くから馬への声の効果は知られていたのだ。

「えいえい」の声でスピードアップ

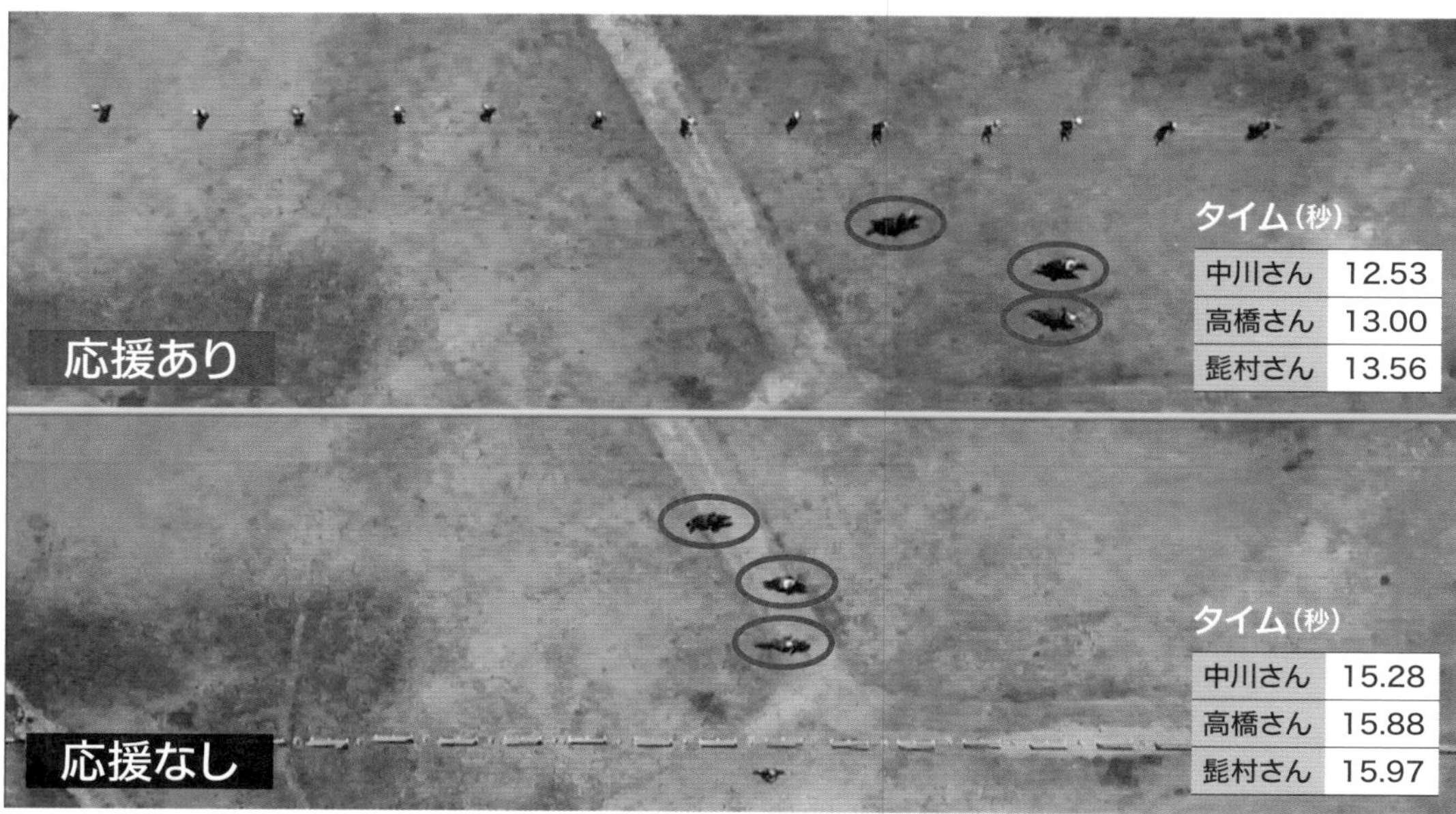

実験会場は木曽馬の里に造られた特設コース。100m先にある風船を目指して3頭が一斉にスタート。応援ありの方が2〜3秒速かった

実験V

再挑戦！鵯越の急坂を下りる！

実験会場全景

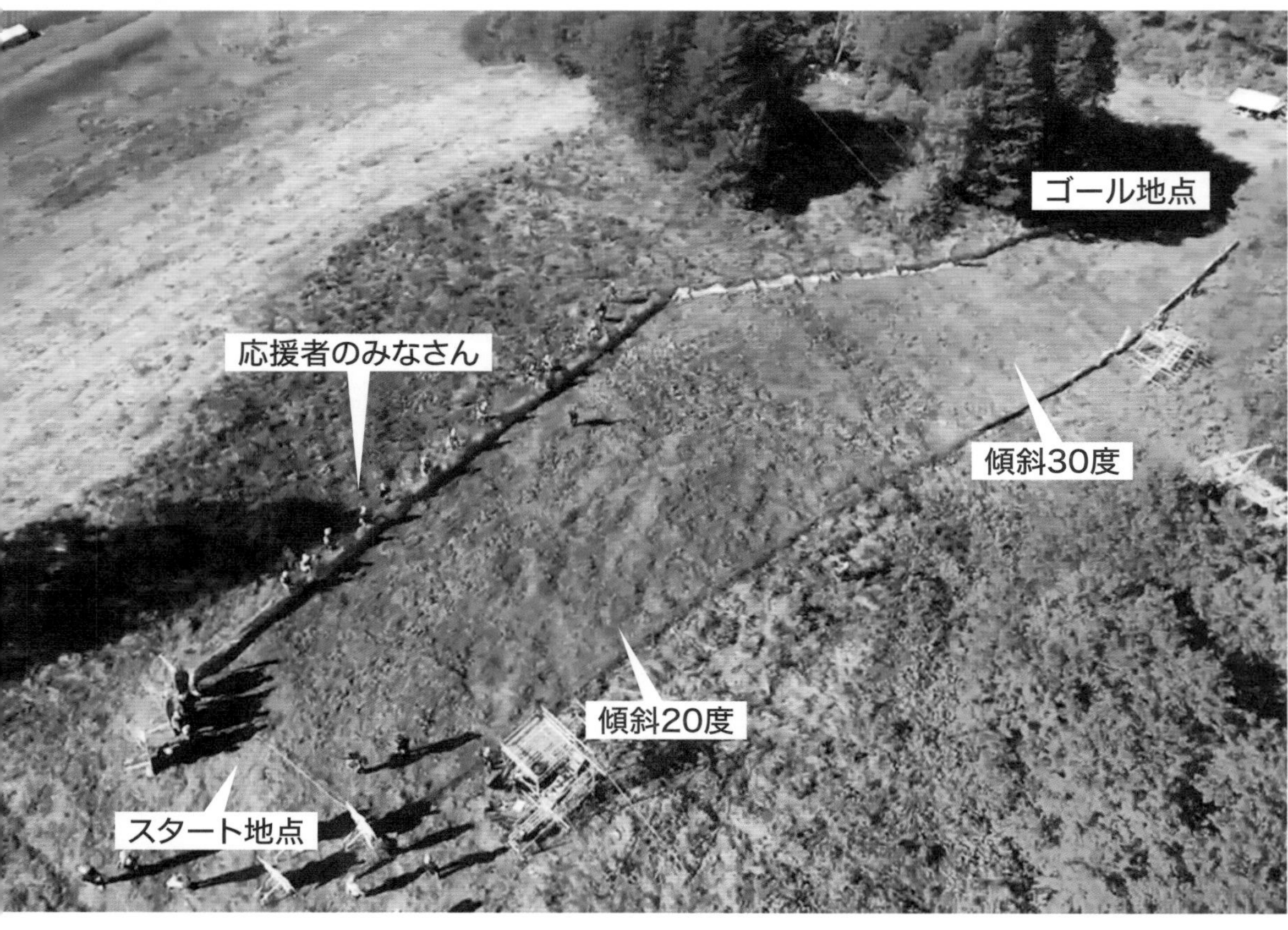

またまた、長野県・やぶはら高原スキー場。人馬一体となれば逆落としが可能なのか？　再チャレンジだ。

中川さんと木曽馬の小夏ちゃん。今度こそできるのか。周りには、応援隊の人々だ。

ここで、最初の実験でわかった急坂を下りるためのポイントをおさらいしておこう。馬が坂を怖がらないこと。騎手も坂を怖がらないこと。スピードが速いこと。

まずは小夏ちゃんの仲間の馬である菜々ちゃんを坂の下まで下ろしていく。お友達効果で、小夏ちゃんは坂を怖がらなくなるのか。早速、小夏ちゃんが反応した。

いかにも下りたそうな小夏ちゃん

中川さんは小夏ちゃんの反応を説明する。「私は行かなくていいの？　という感じで、見ています」と。最初の実験とは違って、

仲間の馬、菜々ちゃんを下に

菜々ちゃんを見つめる小夏ちゃん

源平　一ノ谷の戦い

実験シーン

声援を背に20度の傾斜を下りる

菜々ちゃんに向かって下りていく

残念！もう一歩

今回の小夏ちゃんは坂の下の菜々ちゃんを追って、いかにも下りていきたそうだ。

仲間が下にいることで、恐怖心を上回るやる気が生まれている。

やる気満々の小夏ちゃんにまたがり中川さん、いざ出陣。古式馬術の効果やいかに。

地元の人の掛け声に小夏ちゃん、飛び出した。坂を怖がる様子はない。しっかりとした足取り。駆けるとまではいかないが、かなり速いスピードだ。

前回ギブアップした70m付近が近づく。身体を後ろにそらし、バランスをとる中川さん。怖さも迷いもないようだ。

70m地点までのタイムは49秒。前回よりも6秒も速い。立ち止まることなく傾斜30度につき進む。中川さん、古式馬術にならって、一層身体をそらす。

もう少し小夏ちゃんに胸の筋肉があれば……

「まっすぐ」「もう少し、よしよしよし」と、中川さんが小夏ちゃんに声をかける。残り、20m。あっ、小夏ちゃん、脚が止まった。

小夏ちゃんがバランスを崩した。「ここが限界かな」の中川さんの声が聞こえる。中川さん、小夏ちゃんを守るようにストップ。実験終了。あと一歩という結末だった。

実験後の中川さんのコメントだ。「正直いけるかと思いました。しかし、急坂で（馬自身が）クルッと向きを変えたので、このまま行くと一緒にゴロゴロ転がっていくなと思い、慌てて脚を抜きました。

もし本当にクリアしようと思ったら、坂を下りる練習を段々と角度をつけながらしていくことが必要だと思います。

実は、小夏は意外と胸の筋肉がないので、もしかすると、そのふんばりが利かなかったのかもしれません。当時の源氏の人たちは、長い距離を行軍していますので、（馬たちは）小夏より、筋力はあると思います」

傾斜30度、初めての挑戦をギリギリ頑張り続けた小夏ちゃん、成功まではあと一歩。源平の時代のように、木曽の山々を駆け回り、筋肉さえついていれば……、様々な想像が膨らむ結果だった。

一ノ谷の戦いが、当時の天下分け目の戦いです。それに源氏が勝ったことで、関東の武士政権が生まれ、遅れていた東国の開発がより進み、日本列島全体が繁栄していきます。私は鵯越を疑っていた部分がありますが、本当に申し訳ございませんといわなければなりません。

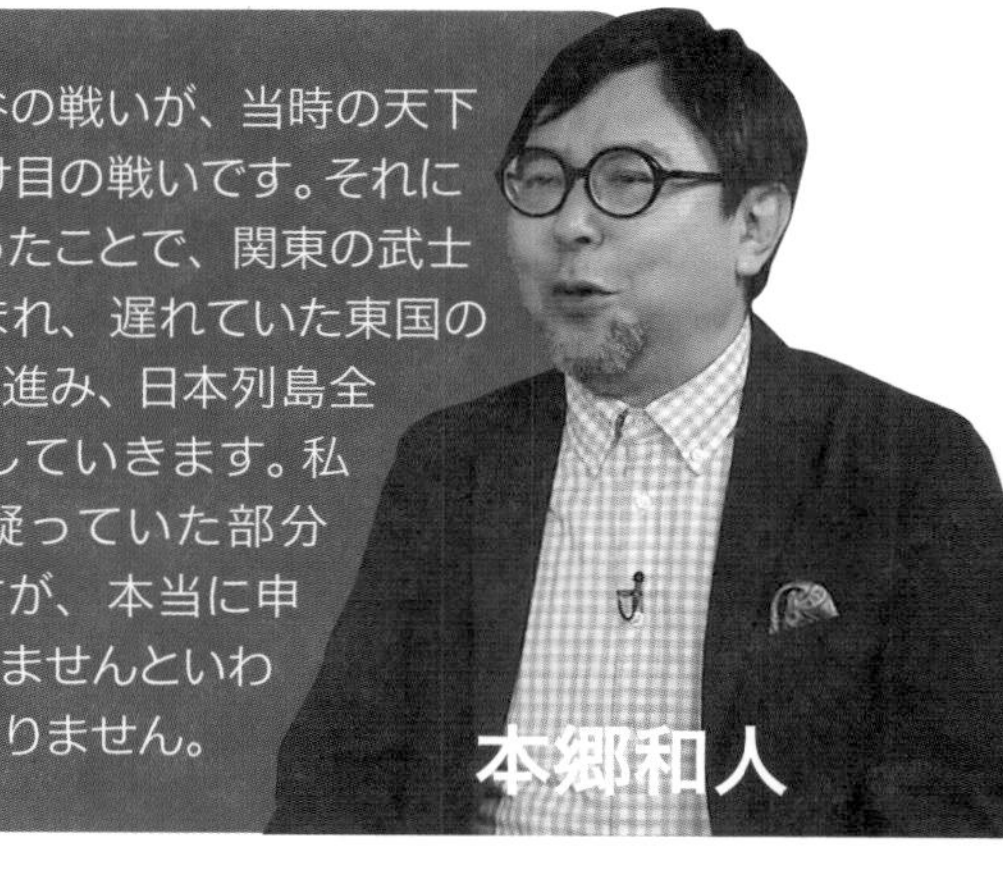

本郷和人

実験でわかった2

源平 壇ノ浦の戦い 源義経 おきて破りの真実

勝因は潮流反転ではなかった

陸の源氏といわれる義経が、なぜ海の平家に勝てたのか？ その謎に迫る！

義経の本当の勝因を探る

源平合戦最後の戦いの舞台は、関門海峡・壇ノ浦の海の上。実は関東平野育ちの源氏軍は海の戦いの経験が乏しかった。対する平家は瀬戸内海を支配し、船の戦の経験も豊富であった。

しかも、壇ノ浦は、平家方屈指の名将、平知盛の本拠地、地の利もあった。

しかし、結果は源氏軍の大勝利。ここに、栄華を誇った平家は滅亡したのだ。

だが、なぜ、陸の源氏が海の平家に船の戦で大勝利を収めることができたのか。その理由は詳しくわかっていない。

海をよく知る平知盛は潮の流れを知っていたはず

実は壇ノ浦の戦いにまつわる有名な説がある。潮の流れが反転して義経軍を勝たせたというもの。平家が運命に見放された象徴的な場面として文学作品にも描かれてきた。

しかし、そこには大きな疑問が残る。海をよく知る平家が、自らの庭ともいえる壇ノ浦で、規則的に繰り返す潮流の反転現象を知らないはずはない。

潮の流れはどこまで勝敗のカギを握っていたのか。さらに、源氏が得意とした弓矢の技は、海上ではどれだけ威力があったのか？

技の競い合いから命の奪い合いへ。義経率いる新しい武士の登場は日本の社会の何を変えたのか？

その真相に迫る。

われわれ源氏は平家の斜め上を行く！

源 義経

イラスト／小宮國春

壇ノ浦は、知盛の庭のようなもの われわれに負けはない

平 知盛

イラスト／小宮國春

合戦データ

日付	1185年3月24日
場所	長門国赤間関壇ノ浦（現・山口県下関市 関門海峡の一部）
源義経軍	800艘（寄せ集めの軍団）
平知盛軍	500艘（義経軍より大型船）

実験I 潮流反転説を検証する

潮に流される船

潮の流れ

潮の流れ

離岸直後に流されてしまう船

日本海と瀬戸内海を結ぶ関門海峡は狭く流れが速い。そして、潮の満ち引きによって潮の流れが東西に180度反転する。

潮流の反転は1日四回。壇ノ浦の戦いが行われたその日の潮流を、暦をもとに調べると、午前10時半ごろの東向きの流れが最も速く、0・8ノット（※海洋気象学会調べ）であった。

その後、午後1時半に流れが止まり、やがて西向きに反転。午後4時ごろには最大0・6ノットに達した。

戦いの始まりと終わりに関しては、諸説あって、正確な時刻は不明。しかし、潮流の反転で、源氏が勝利したという説では、当初、平家軍は東向きの潮流に乗って、有利に戦いを進めたが攻めきれず、昼過ぎには潮の流れが反転。今度は西向きの潮流に乗った源氏軍が攻勢に転じて、夕方には勝利が決まったと考える。

潮流の速さにみるみるボートが流される

潮流反転説の前提になっているのが、当時の船。手漕ぎの船なので、潮流に乗って進む方が船をコントロールしやすく、スピードも出るということが根拠になっている。果たして、潮の流れはどこまで海の戦いを決定づけたのか、いよいよ歴史の大実験が始まる。

実験データ

くじら祭りの手漕ぎ船

実験には地元の伝統である古式捕鯨を伝えるくじら祭りで使われる手漕ぎの和船を使用

山口県長門市青海島

会場は青海島と本土に挟まれた海峡。特別に許可を得て実験をした

地元の漁師さん

ボート部のみなさんを率いて舵を取るのは地元のベテラン漁師さんたち

山口大学ボート部のみなさん

大歴史チャレンジャーのおほしんたろうと参加者の山口大学ボート部のみなさん

従来の説・潮流の反転で義経が勝利……

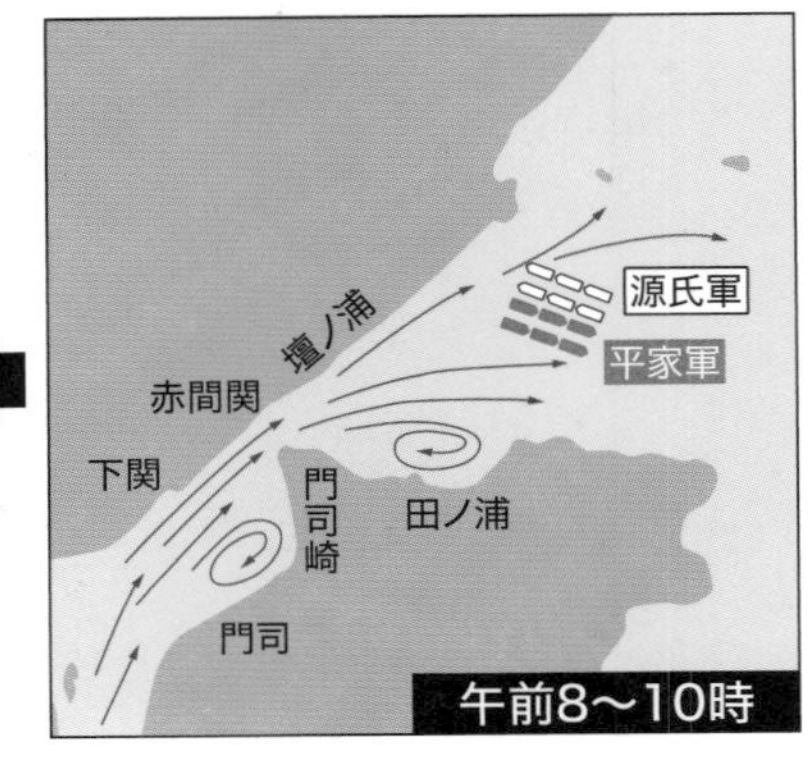

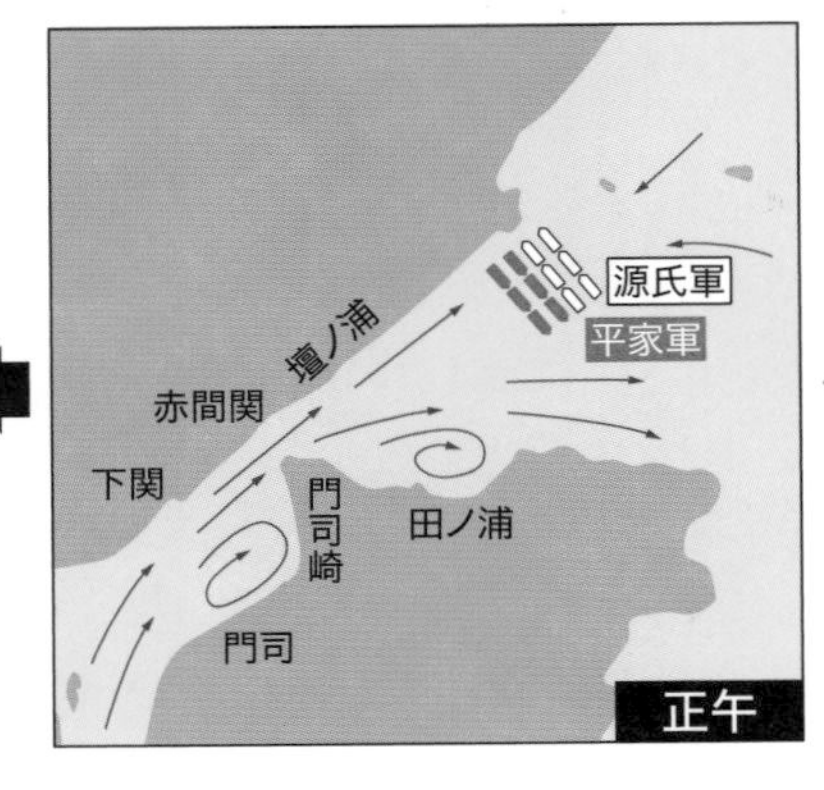

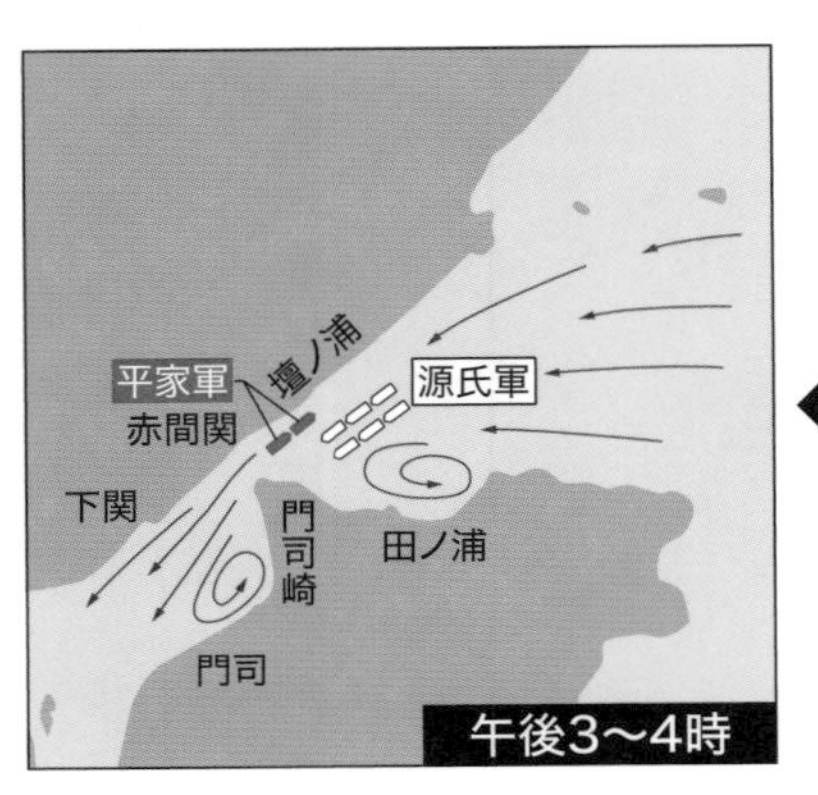

実験場は壇ノ浦から北へ50km、山口県長門市にある海峡。壇ノ浦に似た海峡で、実験時の流れは東向きに0・8ノットとほぼ同じ。

実験には地元のくじら祭りで使われる手漕ぎの和船を使用した。そして、和船を漕ぐのは、山口大学ボート部のみなさん。

いったいどのような戦いになるのか。まずは、戦いの前に、潮流に逆らって漕いでみることに。

漕ぎ出す前、船は潮流に乗ってどんどん東に流されていく。舵をとる地元のベテラン漁師さんからスタートの声がかかる。漕ぎ始めたもののボート部選抜の六人が全力を振り絞っても、進まない。

一方、潮流に乗った場合は船がびっくりするようなスピードで進んでいく。潮流のパワーはすごい。

壇ノ浦の戦いは、『平家物語』によると、猛烈な弓矢合戦で始まった。実験では弓矢合戦ならぬ玉入れ合戦を行う。両軍の船に用意されたのは玉入れ用のたも網と玉。いったいどんな戦いになるのか。

反転前は平家軍の勝ち　しかし……

いよいよ潮流反転実験の開始。潮の流れは東向き0・8ノット。西から東の方向だ。東からは源氏に扮する白旗に、白いヘルメットのボート隊。潮流に逆らいながら、平家を攻める義経たちというわけだ。

西からは紅旗に紅いヘルメットのボート隊。平家軍だ。潮に乗りながら義経たちを迎え撃つ。

「実験スタート」。源氏と平家、両軍が一斉に漕ぎ始めた。陸から見ると潮の流れに乗った平家軍が、かなり速いスピードで近づいているが、船の上ではどうだろうか。そして、両軍がほぼ同時に投げ合い始めた。

それぞれのたも網に向かって玉が飛び交う。たちまち二つの船は横並びになり、どちらが優勢かは見ただけではわからない。両軍、

的

玉入れの籠がわりに船の先端につけられた、たも網

玉

万一、回収できないものがあっても環境に影響しない水溶紙製の玉

実験中……玉入れ合戦

潮の流れに翻弄されながら玉入れ合戦をする両軍
※許可を得て安全に配慮して実験

玉が投げ込まれる、たも網

源平　壇ノ浦の戦い

あっという間に玉を投げ尽くした。

実験終了。果たして勝ったのは白の源氏か赤の平家か。接岸して玉を数える。まず、源氏軍。彼らが入れた玉はわずか4個。

対して、平家軍が入れた玉は10個。義経、散々に射られて平家軍の勝利。

いまの実験の結果では、潮の流れに乗った平家軍が勝った。ところがこの後、壇ノ浦に起こったのは潮の流れの反転だった。

潮の流れに乗って、攻め始める源氏と、流れに逆らって迎え撃つ平家。いったいどんな戦いになるのか。

今度は西から源氏、東から平家。潮の流れに乗って、白の源氏軍が攻める。一方、流れに逆らって、迎え撃つことになった平家。どんな結果が待ち受けているのか。「実験スタート」の声がかかる。

両軍とも平家の勝利

実験結果		
一回目	源氏（白）	4
	平家（紅）	10
二回目	源氏（白）	3
	平家（紅）	9

今度は源氏軍が潮の流れに乗って進む。そして、両軍がたも網に向かって、矢ならぬ玉が飛び交う。

実験終了。果たして源氏軍の勝利や、いかに。

またしても平家の勝ち 潮流は関係ないのか!?

源氏軍が的中させた玉は3個。そして、平家が的中させた玉は9個。またしても紅の平家軍の勝利。

潮に乗っても、逆らっても、平家軍の圧勝。どうやら勝負を決めたのは、潮の流れではないようだ。潮流の上の2艘の船。岸から見ると、流れに逆らう方が、スピードが遅く、不利に見える。

しかし実際には、両者とも同じ流れの上に乗っているため、潮の流れはどちらにも同じように作用している。つまり、両者は同じ電車の中で戦っているようなもの。潮の流れがどちらか一方に有利に働くことはない。これについて、海洋物理学者の柳哲雄さん（九州大学名誉教授）が解説する。

「合戦そのものは、お互い船に乗って、相手を弓で射って、殺そうとするわけです。だから、一番問題になるのは、船同士の距離です。だから、潮流が、どちらに流れても、どのくらい速さがあっても、勝敗の基本的な原因にはならないわけです」

潮の流れは電車の走りのようなもの

潮の流れの中での戦いは、電車の中で戦うのと同じようなもの

『平家物語』や『吾妻鏡』には、潮流反転説は、全く出てきません。潮流説は大正時代に提唱された説なのです。

本郷和人

column

平知盛という人物

知盛は平清盛の四男である。宗盛は三男。義経の兄、源範頼が九州まで攻め入りながら、ほとんど何もできなかったのは、彦島（関門海峡の島）を知盛が守っていたからだ。

彼は、木曽義仲の軍が京都に攻めてきた時、最後まで徹底抗戦を主張した、平家きっての名将であった。

壇ノ浦でも、屋島で負けて逃げてきた兄の宗盛に「今度こそ、決戦です」と覚悟を迫るほど、肝っ玉も据わっていた。

知盛の最期は、平家の敗北が決定的になったとき。「見るべきほどの事をば見つ」の言葉を残し、重りの代わりに鎧を二重につけて、海に飛び込んだ。一方、宗盛は死にきれず源氏軍に捕まってしまった。

赤間神宮 蔵

実験Ⅱ

陸から船の的を射ることは可能か？

陸から弓を射る源氏軍

土佐左助『平家物語絵巻　巻第11（中）遠矢（四）』（林原美術館 蔵）画像提供：林原美術館／DNPartcom

潮流の反転が源氏軍の勝因でないとすれば、何が壇ノ浦の勝敗を決めたのか。実は壇ノ浦の戦いでは、海上で戦う義経とは別に、もう一つの部隊があった。兄の源範頼が大軍を率いて海岸に控えていたのだ。

『平家物語』には、範頼軍の弓の名人たちが、沖に浮かぶ平家の船に次々と矢を射かけたと書かれている。これが源氏軍の勝因なのか？　陸から海上の船を狙う源氏軍の弓矢の威力はどれほどだったのか。

参考になるエピソードが『平家物語』にある。壇ノ浦の戦いの一カ月前、屋島の戦いに記された那須与一の扇の的の場面だ。義経の奇襲を受けて海上に逃れた平家の女房が小舟に扇の的を掲げ、射落としてみよと、浜にいる義経たちを挑発する。

並みいる弓の名手から選ばれたのは、下野国、那須の住人、那須与一。もし、射損じれば自害する覚悟。命がけだった。

『平家物語』によれば、この時の与一と扇の距離は約70ｍ。海に浮かぶ標的に向かって、弓はどれほどの力を発揮したのか。壇ノ浦の真実を読み解くカギとなるはずだ。

扇の的を狙う那須与一

土佐左助『平家物語絵巻　巻第11（上）那須与一（二）』（林原美術館 蔵）画像提供：林原美術館／DNPartcom

そこで再び、大実験。

海岸から70ｍのところに船を浮かべ、そこに扇の的を置いた。果たして射落とすことはできるのか。実験に参加していただいたのは、国体などで優勝経験のある現代の弓の名手、曽山良和さん、上野隆夫さん、広實佳祐さんの3人。彼らが各自4本ずつ射って、どれだけ当たるのか。

現在の弓道の試合では、的までの距離が最長でも60ｍ。さらに船の的は波に揺れて動いてしまう。結果は……。

扇の的を落としたと見えたが……

70m先の船の扇を狙う実験者

扇を落としたかに見えたが、当たった場所は扇を支える棒だった

扇をかすめた矢もあったが……

残念ながら一つも当たらず。しかしながら、扇を支える木の棒に突き刺さる矢や、扇をかすめた矢もあった。

ただし、壇ノ浦の戦いの主戦場は陸から300m離れた海上。実際、陸から弓で相手を狙い撃つことは不可能であっただろう。では、源氏軍の勝因は？

実験参加者

現代の弓の名手

実験会場は山口県宇部市の網の浦海岸

左から2015年度全日本弓道遠的選手権大会優勝の曽山良和さん、国体遠的優勝3回の上野隆夫さん、同じく広實佳祐さん

※優勝歴は2016年3月当時

実験Ⅲ

武士の技を検証！ 馬上からの弓射

壇ノ浦の戦いで義経が勝利した決定的理由を実験する前に、当時の武士の戦いとは、どのようなものであったのか検証したい。屋島の戦いで、那須与一が、海上に浮かぶ小舟の扇の的を落とした時、敵の平家もその腕に驚嘆し喝采したという。これについて本郷和人氏は以下のように説明する。

「武士は、ひとりひとりがヨーロッパの騎士みたいなもの。戦う時も自分と見合わない敵とは戦いません。必ず名を名乗ります。そして、命をかけて戦うだけの資格を持っている相手だけと戦いが起きる。足軽のような者が名門の者に戦いを挑んでも相手にされません。

正々堂々の一騎打ち。互いの武芸の技術を競うために戦うのです。武芸に熟練した武士であることは本当に誇りなのです」

馬上からの弓射

『紙本著色前九年合戦絵詞』（国立歴史民俗博物館 蔵）

当時の武士には合戦のルールがあった

だからこそ、平家の武士たちも那須与一に喝采を送ったのだ。

当時の武士には合戦におけるルールがあった。約束した時間と場所で戦い、戦い方はお互いに相談して決め、非戦闘員を攻撃しなかった。合戦のルールがあったのは、合戦が武士にとって、武芸の技を競う神聖な場だったからだ。

そして、当時の武士たちにとって、戦いの中心は馬で敵を追い、弓で射落とすことだった。

そこにはどんな修練が必要だったのだろうか、現代の名人たちに実験してもらうことにした。

実験内容は、走る馬上から弓で敵を射ること。実験者は流鏑馬（やぶさめ）など、古来の弓馬の技を伝える弓馬軍礼故実武田流の3人。師範の小池義明さん、秋山和義さん、そして有本大輔さん。

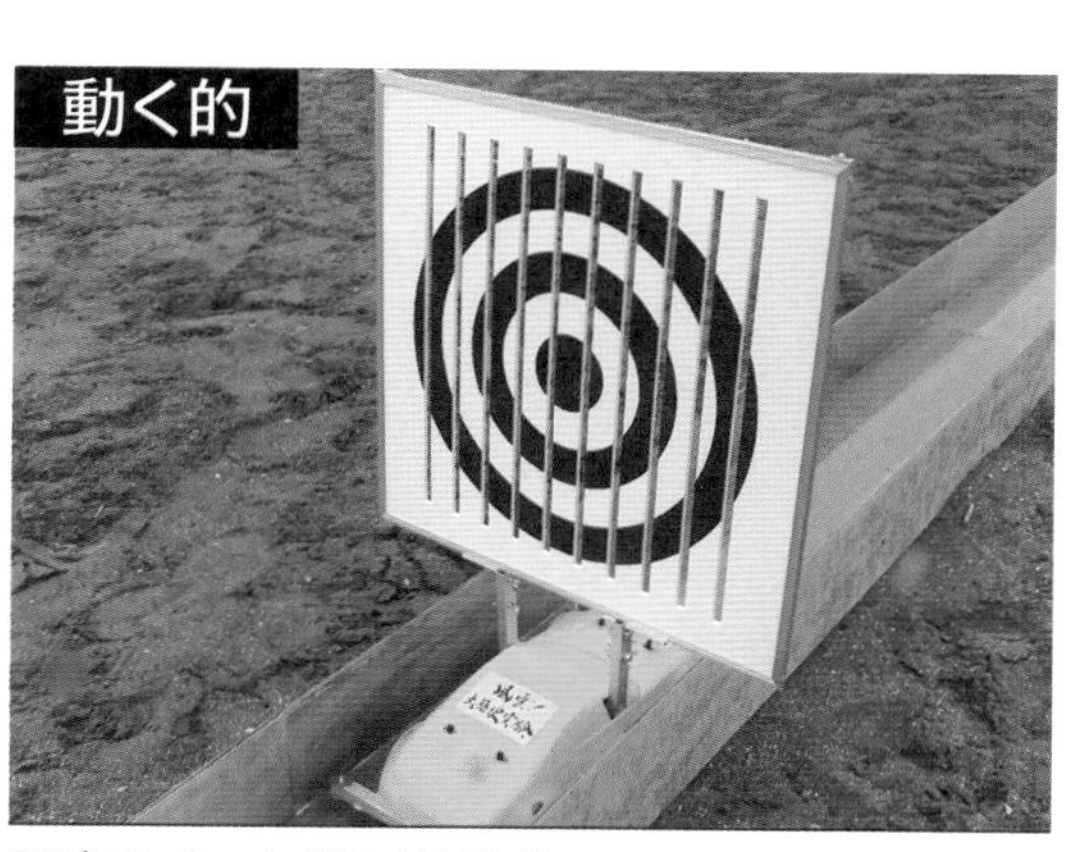

動く的

ラジコンカーに取り付けた的

実験は3つ。一つ目は動く的を射る。二つ目は正面の的を射る。三つ目は後方の的を射る。どの技

実験参加者

ラジコンカー運転者

日本モデルラジオコントロールカー協会理事の竹下敦史さん

弓射するみなさん

実験会場は神奈川県逗子市逗子海岸

弓馬軍礼故実武田流のみなさん。左から師範の小池義明さん、秋山和義さん、有本大輔さん

が一番難しいのか。どれも3人が走る馬上から1射ずつ3回弓を射て調べることにした。

3つとも流鏑馬にはない技術だ。流鏑馬は動かない的をめがけ、その横に来た時に馬上から矢を放つ。動く的も、正面の的も、後方の的も射ることはない。

「動く的」はラジコンカーに取り付けて走らせる。走るスピードは馬が普通に走る時速34㎞。そして、「正面の的」は、馬の走る方向にある動かない的。「後方の的」は、的を通り過ぎて、振り向いて矢を射ることになる。

一番簡単そうな正面が一番難しかった

果たして、どれが一番難しいのだろうか。普通に予想すれば動かない正面の的が一番簡単で、振り向いて射るのが一番難しそうだが……。しかし、実験結果は違った。正面の的が一番難しかったのだ。

理由は、流鏑馬では腰をひねらない姿勢で射ていたのが、正面の的を射る時は、腰を大きくひねらなければいけないからだった。しかし、そのような動きを流鏑馬ではしない。そのため、手先だけを的に向けてしまい、射る姿勢が窮屈になった。

一方、動く的を射る時は流鏑馬と同じような姿勢であり、後ろの的を射る時は振り返るため、自然と身体をひねることになったのだ。

実験結果

動く的を射る

4/9 射中

実験開始早々、一発目の矢で見事的を射ぬいた小池さん

正面の的を射る

0/9 射中

「多少窮屈な形になってしまいます。構え方とか多少は変えないとうまく(弓を)引けないですね」と話す秋山さん

後方の的を射る

4/9 射中

3射のうち、2射を当てた有本さん。小池さんも、秋山さんも1射ずつ当てている
※許可を得て安全に配慮して実験

正面から射る姿勢

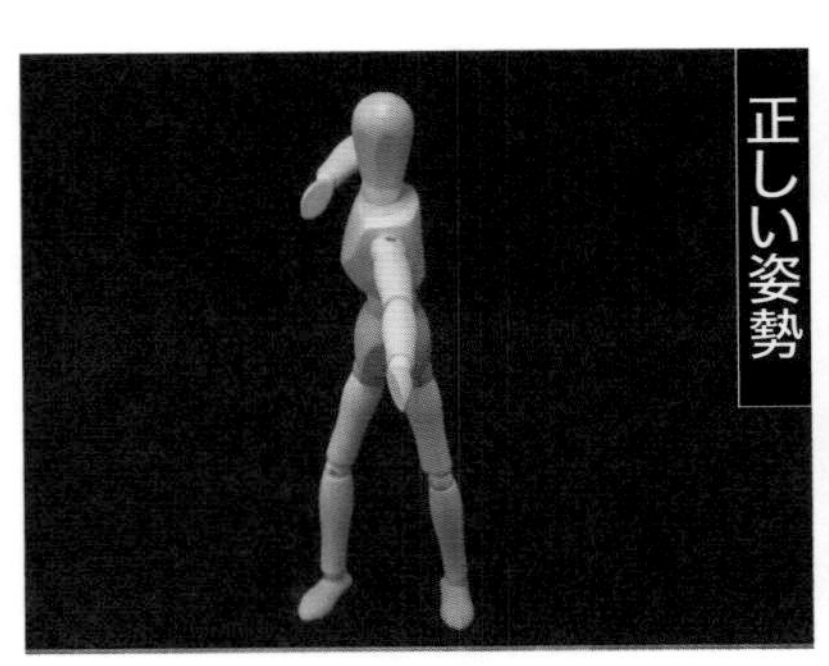

腰をひねるので、十分弓を引ける

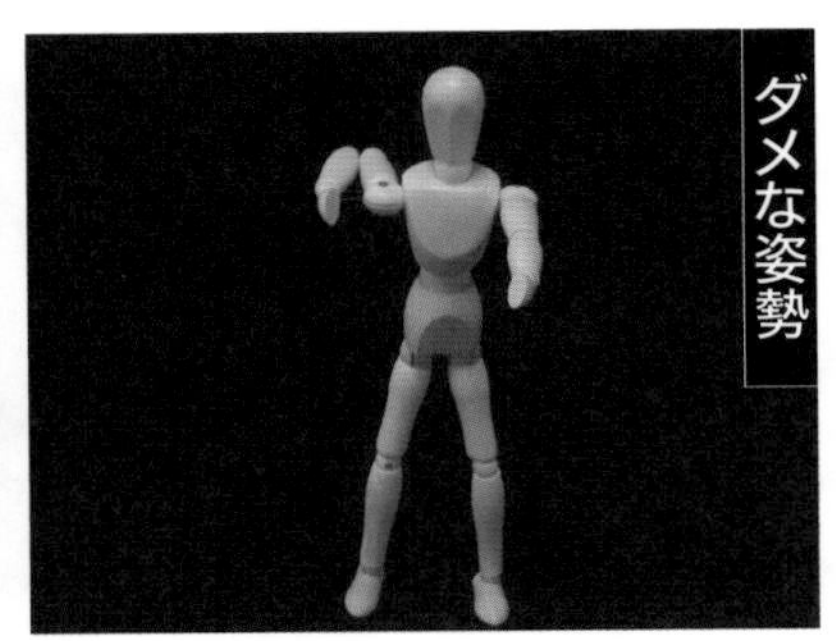

腰がひねられず、十分弓を引けない

腰をひねらずに手先だけの姿勢になっている

実験Ⅳ

技を検証！瞬時に馬を操る

武士はどのように馬を操っていたのだろうか。戦場では敵の状況に合わせて臨機応変に馬を操らなければならない。この時にポイントになるのが、馬に乗って矢を射る時の死角だ。

この死角について、國學院大學兼任講師（有職故実）の近藤好和さんが解説する。

「馬上の武士が弓射できる範囲は、身体の左側が中心。左の前方から腰の回転の限り真後ろまで、ほぼ180度カバーできます。馬の首を超えて右側も20〜30度は対処できます。全体で200度から210度が実戦的な範囲です」

死角に素早く馬を移動し、攻撃する

この弓射の範囲外が死角になり、この死角に入って攻めることが、勝敗のカギを握ることになる。敵の死角は、敵の馬の向いている方向によって変わってくるから、馬の向きを素早く見極め、瞬時に馬を操って、その死角に入って攻撃しなければならない。

敵の馬が右を向いていれば、すでに自分の馬は死角にいるので、そのまま前進すればいい。

また、敵の馬が後ろを向いているときは、右側が死角なので、斜め右に移動する。そして、敵の馬が正面を向いているときは、斜め左が敵の死角。素早くその死角に移動しないと、射られてしまう。

馬上の死角と攻撃サイド

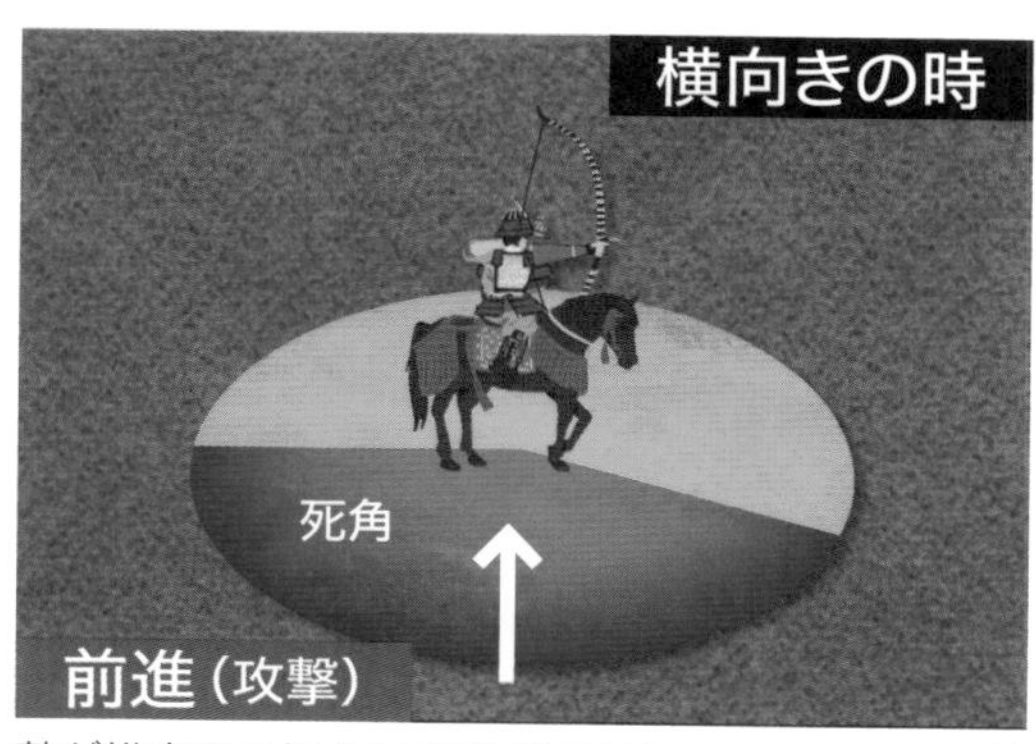

敵が横向きの場合は手前が死角なので、そのまま前進して攻撃する

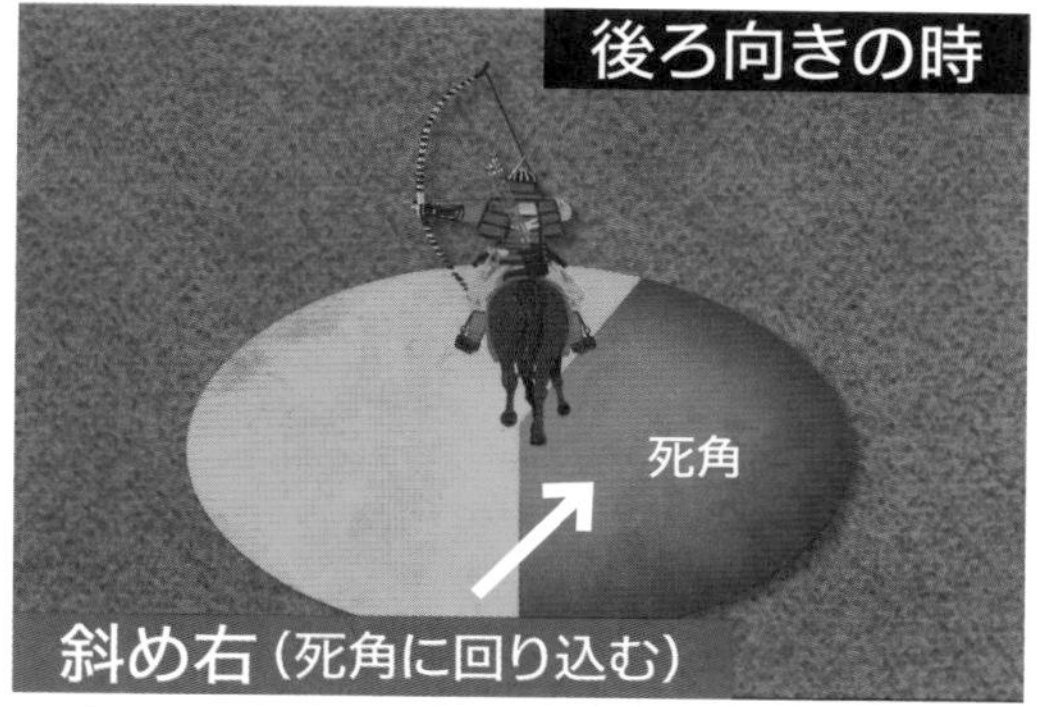

敵が後ろ向きの場合は右が死角なので、斜め右に回り込んで攻撃する

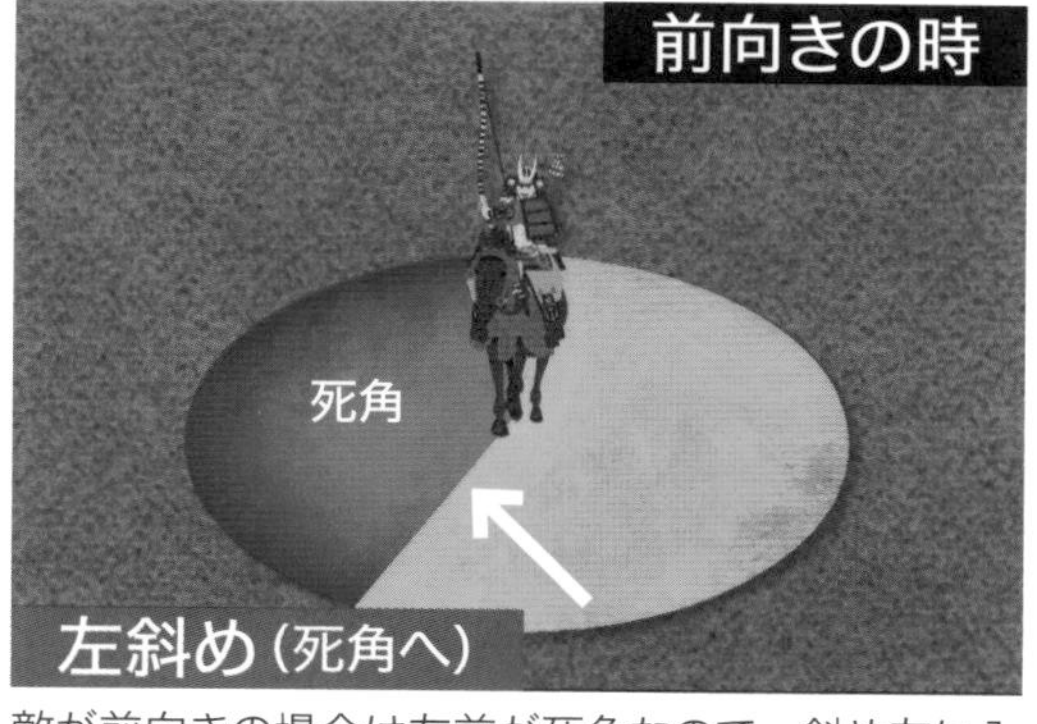

敵が前向きの場合は左前が死角なので、斜め左に入り込んで攻撃する

実験データ

実験場所は埼玉県嵐山町河川敷

兜を締める

女性にとってはかなりの重量の兜、乗馬歴14年の松本玲奈さん

鎧に身を固める

総重量25kgの鎧と兜をつける乗馬歴5年の沢里修次さん

100kgに耐える馬

馬にかかる重量は鎧を着た人と鞍、足を載せる鐙など100kgを超える

※乗馬歴は2016年3月当時

実験では、その死角に素早く対応して馬を操る技の難しさを検証する。

実験に協力してくれたのは、倭式騎馬會のみなさん。日本古来の馬にこだわり、絶滅した種の復元活動をしながら、木曽馬や道産子などの在来種に近い馬で馬術を訓練している。

昔の武士が乗っていたのは、このような馬。小柄でがっしりしているが、去勢していないため気性が荒く乗りこなすのは大変だ。

機敏に馬を動かすのは簡単ではない

実験に協力してくれたのは乗馬歴14年の松本玲奈さんと乗馬歴5年の沢里修次さん。今回の実験は当時に近い姿で行うので、お二人にはレプリカとはいえ、重量のある鎧（よろい）と兜を着ていただいた。沢里さんの着る鎧は当時と同じで25kgもある。

馬にかかる重量はさらに重く、鞍（くら）や足を踏ん張るための鉄の鐙（あぶみ）もあり、総重量は100kgを超える。

実験では馬に乗った実験者が、敵の向きを見定めて、その死角に馬を移動できるかを試す。

前方にあるボードには、馬に乗った武士の絵が描かれている。その馬の向きを判断し、自分の馬を動かす。ボードには何枚も紙が貼られ、そのつど、紙がめくられ次の馬が出てくる。

しかし、乗馬歴の長いお二人だが、思うように馬を操れない。100kg以上もある重荷を背負った馬。さらに、いままでに経験のない動きに馬は戸惑っているようだ。

結局、馬を替えて実験してみたが、敵の動きに合わせて機敏に動くというところまでは無理だった。

沢里さんは次のように話す。

「馬が動き出した時に、（身体が）後ろに遅れて、甲冑が重いので、馬が前に行ってしまいました。その点は馬と呼吸を合わせないと、うまく扱えないですね」

松本さんもこう話す。

「馬も学習しますが、今回は人間が求めている動きを馬が理解できていなかった。いつもと違うため、今日は何を求めているのだろうって（馬が）思ったと思います」

やはり、相当な鍛錬を経ない限り、馬を自由自在に操ることは難しいようだ。先の近藤好和さんは最後にこのように語った。

「当時の武士には弓矢や馬術などの、相当高度な技術が必要とされました。現代の人が考えると、そんなことができるのかと思うかもしれませんが、武士の家に生まれ、幼少のころから訓練して、身体で彼らは覚えます。また、成長してからも日々の鍛錬は当然やっているのです」

鍛錬された武士の技は、われわれの想像以上に高度なものだったのだ。

実験シーン

パネルに出てきた敵の馬の方向を見て、瞬時に死角に移動する。パネルには何枚もの敵の馬が描かれている

鐙が重いため、馬と呼吸が合わないと、動き出した馬に対応できない

紙をめくる音に暴れてしまった馬

実験V

ゆれる船からゆれる的を射ることはできるか？

50m先の漕ぎ手を射れるか？

実験者は、実験Ⅱに参加した右から曽山良和さん、上野隆夫さん、野實佳祐さん

武士には合戦のルールがあった。しかし、そのルールは源平の合戦を機に大きく変わってしまう。

『平家物語』には、那須与一の見事な弓に舞を舞う敵が討たれたシーンが描かれている。与一は義経の命令で彼を狙ったのだ。

「弓を引きしぼって男の首の骨をひょうふっと射て船底に真っ逆さまに射倒した」

敵方の平家軍とはいえ、弓の技を称賛し舞を舞ってくれた武士を射殺すのは合戦のルールを逸脱するものであった。

義経軍は、それまでも武士のルールにとらわれないおきて破りの戦いをしてきた。鵯越の逆落としで平家軍の背後を襲った一ノ谷の戦いもそうである。では、なぜそのような戦いを義経はしたのだろうか。

多種多様な階層が武士層になだれ込んできた

それについて、茨城大学教授（日本中世史）の高橋修さんに当時の武士の状況を説明していただいた。

「源平の戦いというのは、規模の小さな武士も含め多種多様な階層が戦争に参加しています。朝廷や国衙（こくが）（地方政庁）から認められた正式な武士たちだけでなく、武力は持っていても世の中から武士と認められていない人たちまで、戦争に参加しているのです。特に東国軍、頼朝の軍隊はそういう人で編制されていました。

そうすると、戦争に加わる、部隊に加わる階層が非常に広がるわけです。ギリギリ武士社会に食らいついているような人たちも戦争に参加しています。

そういう、家来も少ないし経済的基盤も安定しない人たちが、武士として戦場で功績を上げようとすれば、かなり無茶なことをしなければ目立たないわけです。

彼らは生き残るためにルールを無視した行為を戦場で展開するようになったのだと思います」

源平合戦では、非情な戦闘が繰り返された。実際、壇ノ浦の戦いでは、いままでの非戦闘員は殺さないというルールを無視して、義

狙いすます現代の名手

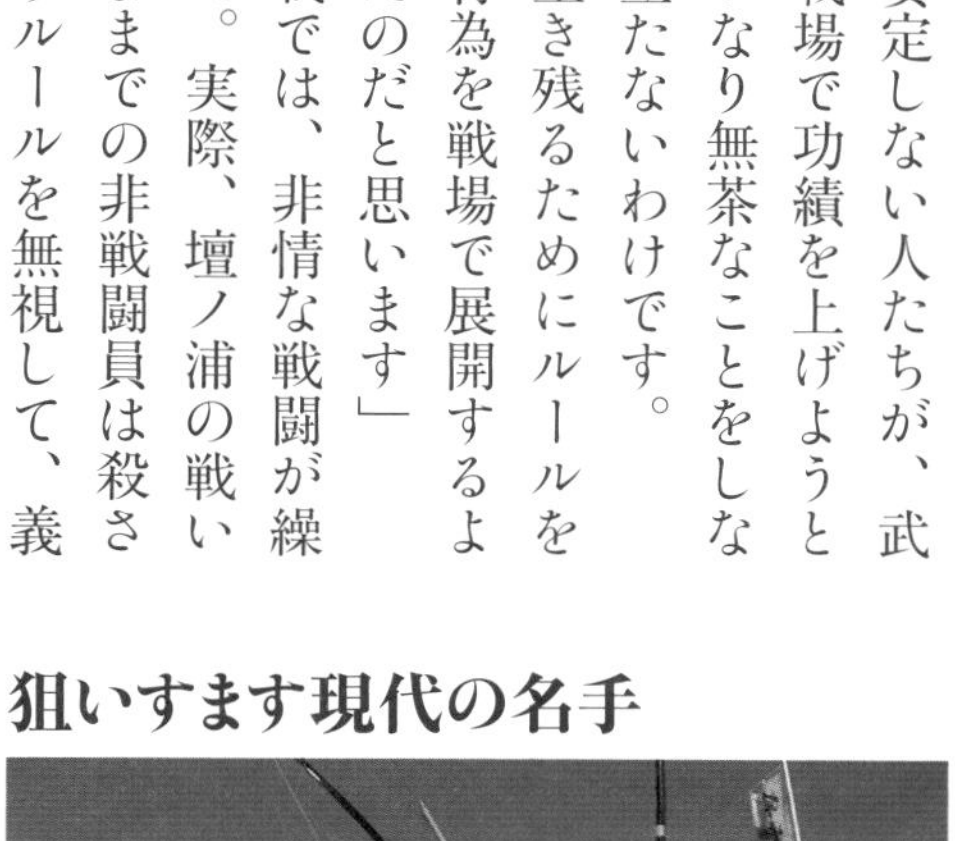

足元がゆれてもしっかり矢は放たれた
※許可を得て安全に配慮して実験

突きささる矢

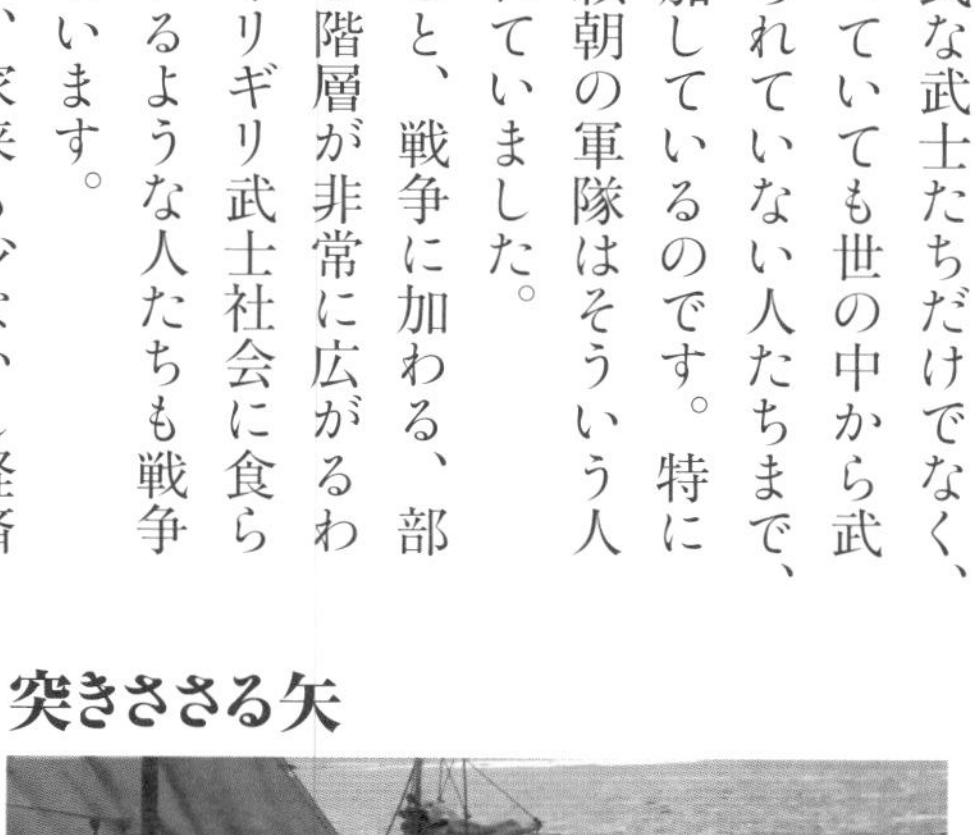

水夫に見立てた的に、3人が放った弓矢は12射中5射も当たっている

経軍は戦闘に参加していない船頭や水夫たちを狙ったのだ。

それにしても、波にゆれる船から、同じくゆれる船に乗る船頭や水夫たちを弓で射ることはできたのだろうか。

そこで歴史の大実験。

実験Ⅱで協力していただいた現代の弓の名手3人に、ゆれる船に乗っていただいた。そして、そこから50ｍ先の船頭や水夫に見立てた的に矢を射ってもらうことにした。

ひとり、4射ずつ。計12射。ゆれる船から、ゆれる的を狙うことはできるのか。

結果は……5射命中。

実際の戦闘ではもっと近くから射った可能性もあるから、その的中率はもっと高かっただろう。

源氏軍にあった接近戦に有効な必殺の技

さらに、義経の「おきて破り」はこれだけではなかったようだ。『蒙古襲来絵詞』（宮内庁三の丸尚蔵館蔵）には、蒙古軍の首を刀で掻っ切る場面が描かれている。

源氏軍には平家になかった武芸があった。それは武家相撲。相手を投げ飛ばしたり、組み伏せたりする、組み討ちを想定した実戦的な格闘技である。

源平合戦の船上での戦いは、接近戦であったろうから、敵の武将を組み伏して、そこで首を獲るということも行われていただろう。

実際はどうであったのだろうか。

岡山県岡山市の中央に位置する角石谷の山中に古武道、竹内流の道場がある。戦国時代の武将竹内久盛が始めた、より実戦的な武道だ。

この竹内流について竹内流武術相伝家13代目、竹内藤十郎さんに話してもらった。

「竹内流は、いまから四百八十数年前に始まりました。草木が茂っている中では、大刀とか槍とかよりも、使えるのが小刀です。竹内流では小具足といいます。

相手の胸ぐらをつかみ、腕をとり、小具足で首をとるという戦闘が、狭い場所では一番だったようです」

その竹内流の「責落」という技を見せてもらった。刀で戦う体勢から相手の胸元に入り込み敵の首元を狙う。最後は接近戦になったとされる壇ノ浦では、このような戦いが至る所で行われていたかもしれない。

平家軍は、今までの武芸とは違う、源氏軍の必殺の「おきて破り」の技に負けたのだ。

竹内流の道場

道場は岡山県岡山市角石谷の山中にある

小刀で敵の首を掻き切る

竹内流の責落。大会などでしか見せない甲冑を着た実演

源平合戦前までの戦いはエリートとエリートの戦い。そこにはルールがあり、約束事がありました。それが、武士＝人殺しに変わったのです。人の首を獲らないと飯のタネになりません。東国の土地は非常に生産力が低いですから、生活にゆとりがありません。その連中が西国の豊かな武士から利権をとってやろうと襲いかかったのが源平合戦の一つの側面です。

本郷和人

第二章

戦国時代

風雲！大歴史実験

一、桶狭間の戦い、
織田信長　今川軍撃破の秘密
（2017年3月24日放送）

二、川中島の戦い（四次）
上杉vs武田　激戦の秘密
（2017年6月7日放送）

群雄割拠の時代だった1560年

戦国の世を大きく変えた桶狭間の戦い

1560年頃の日本は、力のある大名が各地で勢力を拡大していく時代だった。室町幕府は衰退し、京都の周辺は三好長慶らによって支配されていた。

そして、東では武田信玄や上杉謙信、北条氏康、今川義元、西では尼子義久や毛利元就などが着々と領地を広げつつあった。その中で、尾張で勢力を拡大しつつあった織田信長は、まだそれほど有名な大名ではなかった。

信長にとって巨大な敵だった今川

信長の尾張を狙っていたのが今川義元だった。足利将軍家の親族として高い家格を誇る今川は、領国経営に成功して力をつけ「海道一の弓取り」と称えられる大大名に成長していた。

この時期、甲斐の武田、相模の北条に囲まれていた今川は、その矛先を尾張の織田に向け侵攻を繰り返していた。

信長にしてみれば、今川との戦いは、まさに存亡をかけた戦いだった。しかし、信長は今川に勝利した。

これにより、信長の天下取りが始まり、群雄割拠していた戦国の世が終わる。まさに桶狭間の戦いは時代のターニングポイントだったのだ。

南部氏
伊達氏
上杉氏
北条氏

沼田城の戦い
1560（永禄3）
上杉謙信vs沼田康元
（謙信の勝利）

第二次国府台の戦い
1563（永禄6）～64（永禄7）
里見義弘vs北条氏康（氏康の勝利）

北条氏康（アフロ）

1560年（永禄3年）ごろの主な合戦と戦国大名

上杉謙信（新潟林泉寺 蔵）

武田信玄（武田神社 蔵）

川中島の合戦
1553（天文22）～64（永禄7）
上杉謙信vs武田信玄
（勝負つかず）

毛利元就（毛利博物館 蔵）

大友義鎮（瑞峯院 蔵）

厳島の戦い
1555（弘治元）
毛利元就vs陶晴賢（元就の勝利）

第二次月山富田城の戦い
1565（永禄8）～1566（永禄9）
毛利元就vs尼子義久（元就の勝利）

門司城の戦い
1554（天文23）～1562（永禄5）
毛利元就vs大友義鎮（宗麟）
（元就の勝利）

武田氏
朝倉氏
尼子氏
織田氏
今川氏
毛利氏
大友氏
長宗我部氏
島津氏

桶狭間の戦い
1560（永禄3）
織田信長vs今川義元（信長の勝利）

織田信長（長興寺 蔵）

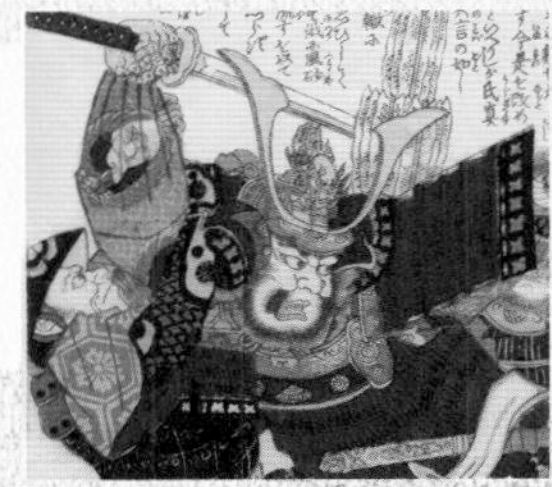
今川義元
歌川国芳『太平記英雄伝』より（アフロ）

風雲!大歴史実験

実験でわかった3

桶狭間の戦い

織田信長　今川軍撃破の秘密

直属軍だからこそ勝てた信長

なぜ、信長は、大軍、今川軍を破ることができたのか、その勝因を探る!

一方、3千人とされてきた織田軍も、実際、桶狭間で戦ったのは2千人だったといわれている。それでも、5千人対2千人。2倍を超える兵力差を、織田軍はどのように覆したのか。

さらに信長に敗れた義元は、どんな最期を遂げたのか。そして、信長軍の足軽の長槍の新戦術を再現。戦国の世を制した信長の原点に迫る。

合戦データ

日付	1560年5月19日
場所	尾張国知多郡桶狭間 付近 （現・愛知県名古屋市緑区、豊明市のあたり）
織田軍	2千
今川軍	5千

時代を変えた信長の戦い

1560年（永禄3年）年5月19日、桶狭間の戦いは起こった。

駿河、遠江、三河、尾張まで領土を拡大した今川義元が2万5千の大軍を率いて織田の領地に侵攻。それを弱冠25歳の織田信長がわずか3千の兵を率いて桶狭間で迎え撃った戦いだ。織田軍のまれに見る大金星だった。

従来の定説では今川義元の大軍に対して、兵力の劣る織田軍は正面からの攻撃を避けて、山の上に迂回。側面から奇襲攻撃を仕掛け勝利したと伝えられてきた。

奇襲ではなく、正面対決だった!?

しかし、最近の研究では、この定説は疑問視されている。

信長の側近が書き残した『信長公記』によると、信長が側面ではなく、正面から攻撃していることが窺える。奇襲ではなく、真っ向から衝突した戦いだったのかもしれない。

また、今川、織田両軍の兵力についても見直しが進んでいる。2万5千といわれていた今川軍は、実際には周辺の砦や城に分散されており、桶狭間にいたのは、5千人程度だったと考えられている。

わが軍は気心の知れた精鋭部隊。やりようによっては十分勝てる。

織田信長
イラスト／小宮國春

数の力を甘く見てはいけません。やれるものならやってみなさい。

今川義元
イラスト／小宮國春

実験I 信長軍と今川軍の戦いを再現

当時の軍は大名直属の部隊と大名に仕える領主たちの部隊とで編制されていた。桶狭間での信長軍は信長直属の部隊。一方、今川軍は各地の領主が家来を引き連れた、いわば寄り合い所帯の部隊だった。

直属の部隊と領主ごとの部隊の違いは、指揮命令系統に大きくあらわれる。織田軍では信長の命令は、伝令の馬やほら貝で個々の兵に直接伝わる。しかし、今川軍では、義元が、まずそれぞれの領主に命令し、それを、領主が自分の家来に伝えていくので、全員に伝わるには少し時間と手間がかかる。

指揮命令系統の違いが勝因なのか

そこで少数ながら、命令が直接伝わる織田軍と、大軍ながら、命令が伝わりにくい今川軍とでは、どんな差が出るのか大実験。

実験参加者は織田軍として名城大学アメリカンフットボール部の20人。今川軍は、学生ほか有志による混成部隊50人。

両軍ともスポンジ製の刀を持ち、頭に付けたボールが叩き落とされたら戦線離脱。果たしてどちらが勝つのか。

検証　少数の織田軍の勝因は？

織田軍2千

今川軍5千

検証　迂回か正面対決か

迂回か

織田軍

今川軍

西

東

正面からか

義元本陣

ルール　ヘルメットのボールを落とす

ヘルメットのボールを刀で落とされたら戦線離脱。故意にぶつかったり、着衣をつかむなどの接触行為は禁止。大歴史チャレンジャーの小林知之・高松信太郎（火災報知器）

実験データ

今川軍50人

名城大学ゴルフ部、合気道部、日本拳法部ほか有志のみなさん

織田軍20人

名城大学アメリカンフットボール部のみなさん

実験場所

愛知県豊明市 市営グラウンド。この近くで桶狭間の戦いがあったといわれる

ケース1　部隊編制の違い

織田軍が正面奇襲

《部隊編制》

織田軍

直属部隊の編制

直属の部隊だから大将の指示は
すぐに兵士に届く

今川軍

領主ごと別々の部隊で編制

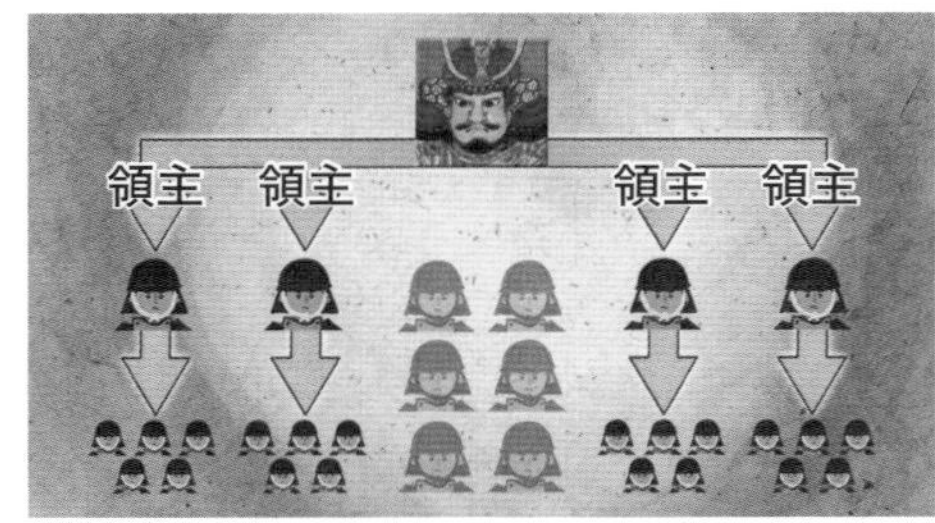

大将の指示は各領主を通じて
兵士に伝わっていく

《布陣》

横一列に布陣

作戦を悟られないように横一線に
布陣する織田軍

グループごとに分かれて布陣

総大将を除く、5つのグループに
分けて布陣した

桶狭間で休息していた今川軍は、どこまで織田軍の攻撃を予測していたのだろうか。まずは、織田軍が正面から奇襲したパターンを実験する。

実験では、総大将の命令は、馬やほら貝ではなく、無線を使って伝える。奇襲攻撃を仕掛ける織田軍は、信長直属の部隊。全員が無線を装着。信長の指示を受けながら動けるようにする。

一方、奇襲を受ける今川軍は休憩中だったので、全員無線はつけない。もちろん、義元の指示は、戦いが始まっても伝わらない。

実験は、織田軍が今川義元の本陣の旗を奪い取るか、両軍のいずれかが全滅するまで行う。

攻撃の前に信長軍では、ボードを使って攻撃の指示が始まった。総大将の作戦は、3人一組で今川軍に対処し、攻撃はすべて今川軍の右翼（向かって左側）に集中すること。人数では負けるから、とりあ

織田軍の強み1　無線

織田軍は全員が無線を装着し、大将の指示が伝わるようにした

織田軍の強み2　作戦

実験前に、作戦ボードを使って全員に指示を出す総大将

実験シーン

信長軍は左に兵力を移動

引きずられる今川軍に隙間が

抜け出した3人の信長軍

信長軍が旗を奪取

えず右の30人を相手にし、残り20人は無視すると決めた。そして、何人かおとりになり、その隙を突いて駆け抜け、旗を奪い取るのだ。

一方、今川軍は、領主ごとに5つのグループに分かれて布陣。織田軍は、作戦がバレないように、横一列に布陣した。

果たして、どんな戦いが繰り広げられるのだろうか。実験開始。

織田軍、今川軍の本陣めがけて奇襲攻撃。総大将信長の指示が無線を通して飛ぶ。

「さあ行こう、ちょっとずつ左、ちょっとずつ左、ちょっとずつ」

指揮命令系統のない今川軍はあっけなく負けた

その指示に、織田軍は、じわりじわりと左サイドに移動。それに引きずられるように今川軍の前3つの部隊が移動していく。

しかし今川軍、グループ間の伝令がなく、後ろの2つのグループは全く動かない。そのため、グループとグループの間に隙間ができてしまった。その隙を突いて、織田軍の3人が今川軍の本陣に向かって駆け出した。

「行ける！　行け！　行け！」

総大将の声がかかる。声のまま、3人の中の1人が今川の本陣の旗をつかんで奪い取り、実験終了。

少人数ながら信長直属の部隊が勝利。かかった時間はわずか36秒。今川軍はあっけにとられている。

勝利の要因を聞かれた織田軍総大将は、「やはり統制がとれていて、（敵方の）弱点を知らせられることが大きいですね」と語った。

兵士たちも「番号とか名前を使って、（大将から）細かい指示があってよかったと思います」、とコメントしている。

一方、負けた今川軍の兵士はこう語る。「全然状況がわからないので何をやっていいのか。（前しか）見えてないので、わかりませんでした」

突然の奇襲に、指揮命令系統を全く絶たれた今川軍は、総大将、義元を守りたくても、何をすればよいのか、まったくわからない。狼狽（ろうばい）ぶりが窺えるコメントだった。

ケース2 部隊編制の違い

両軍が正面対決

今川軍への追加の配備

《作戦会議》

ボードを使った作戦会議。3グループが守備、2グループが前線を担当

《領主のみに無線》

今川軍の無線の配備は領主のみ

《両者の布陣》

作戦会議で決めた布陣

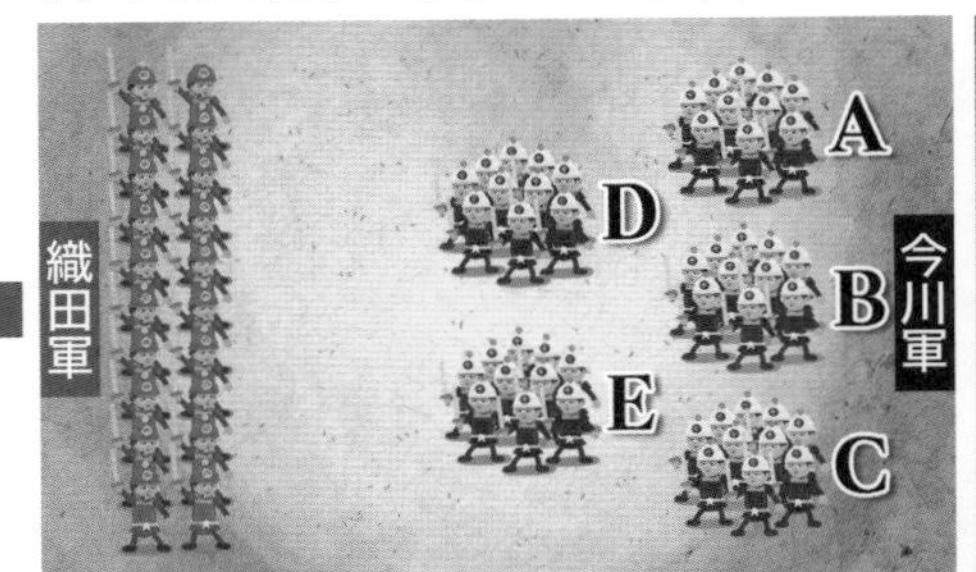

信長軍は変わらず、今川軍は守りを厚くした

実際の布陣

実験開始後、すぐに布陣を作戦通りに

先の実験では織田軍の奇襲という前提で行ったが、織田軍が正面から攻めたとすれば、義元が気づいていた可能性は十分にある。つまり、桶狭間の戦いが奇襲ではなく正面対決だったら、果たして結果はどうなるのか。

今川軍も領主にだけ、無線を用意した

2回目の実験では、今川軍の総大将、義元にも無線をつけてもらった。しかし、織田軍の命令が直接兵士に伝えられるのに対し、今川軍では領主が間に入っているので、義元の命令は間接的にしか伝わらない。

そこで、今回の実験では黄色のヘルメットをかぶった領主だけが無線をつけ、義元の命令を聞き、それを自分の部隊に伝えることにした。

今川軍は5千人ならぬ50人。織田軍は2千人ならぬ20人。指揮命令系統の違いはどんな結果をもたらすのか。

今回の義元側の作戦は、A軍、B軍、C軍が本陣を守り、D軍とE軍の20人が前線に張り出すというもの。

実験開始。

今川軍、総大将の指示通り、陣形を整え始めた。一方の織田軍は、様子を窺うようにゆっくりと歩を進める。それに対し、指示を出す今川の総大将、義元。

「もっと、固まれ。旗にもっと固まれ」

織田軍、ここで挑発。義元が声を出した。

「挑発に乗るな。挑発に乗るな。ここは残れ、ここは残れ。旗だけ守ればいい」

しかし、前線では相変わらずの小競り合いが続く。またもや義元、声を出す。

「D班、E班出すぎ、もどれ、もどれ」

ここで、信長の指示が飛んだ。

「真ん中、集めさせて。全員で

「突っ込ませて」

　織田軍、一気に真ん中に集まり出した。さすがに信長の直属部隊、動きが素早い。それに対し、義元は、

「そこの班だけは守って、前に出ている人だけ囲めばいい」

　と的確な指示を出す。しかし、領主がその指示を部隊に伝えている間に、こんどは信長が声を出した。

「行け、行け、行け、行け、行け」

　義元は、それに対し「来るぞ、来るぞ」と応戦を求めるが、末端まですぐには伝わらない。織田軍は中央突破を図って、全員で突っ込んでくる。

　しかし、それはおとりだった。今川軍の右手前方奥から織田の兵士がひとり飛び出してきた。

信長のおとり作戦大成功！

　前線は大混乱。その隙を突いて、その兵士が旗を取り上げた。

　実験終了。奇襲ではなく、正面突破でも織田軍が勝利を収めたのだ。

　この実験に対し、大河ドラマや映画などで何度も織田信長を演じたことのあるゲストの高橋英樹さんは、こうコメントした。

「織田信長さんは、専門の部隊を引き連れて日ごろから戦っていました。

　だから、すべての信長の感性が戦う人たちに伝わっていく。この人（信長）が、こういう目をしたら、こういうことを言っているとわかっていた。

　反対に今川義元さん（の顔）を知っていた人が何人いたかという問題はあります」

　直属部隊という理由だけではなく、日ごろから鍛え上げてきた以心伝心の力が、信長の勝利を呼んだのだろう。

実験シーン

挑発する織田軍

織田軍が中央に集まる

中央突破を図る

右手奥から伏兵が……

旗をとった織田軍

※許可を得て安全に配慮して実験

他の大名も、馬廻りという直属部隊は持っていました。織田軍とそれほど編制の違いはありません。信長が成功したのは、より質の高いものをつくり上げたからなのです。

本郷和人（東京大学教授 日本中世史）

実験Ⅱ

義元を討ち取った武器は何か？

義元が着用していた古来の鎧

三浦さんが美術品として制作した鎧。戦国時代前半まで一般的だった。使用した小札は2500枚。
左下：甲冑師　三浦公法さん。右下：小札が重ね合わされた部分

桶狭間の戦いは総大将、今川義元の討ち死にで終わった。戦国時代とはいえ、戦場で大名クラスが首を取られるのは、きわめて珍しい。

義元の最期はどのようなものだったのか。それを考えるヒントが、『明良洪範　続編』に残されていた。桶狭間の戦いで義元が着用していた鎧兜である。そこには

当時最新の鎧

当世具足の鎧。胴の周りを一枚の鉄板で囲んでいる（板橋区立郷土資料館 蔵）

実験の参加者

槍、渡邊桂一さん

大阪の会場で槍を突くのは、槍術の渡邊桂一さん

弓、本橋民夫さん

埼玉県弓道連盟会長の本橋民夫さん。埼玉の弓道場で実験

刀、坂口龍凰さん

本物の名刀で、鎧を斬る。江戸無外流宗家の坂口龍凰さん

「胸白の鎧に金にて八龍を打ちたる。五枚兜を被り」とある。

当時の最新の鎧は「当世具足」と呼ばれる胴体を鉄の板で囲ったもの。義元の鎧はこれより旧式のものだったようだ。どんな鎧だったのか、鎧の専門家に聞いた。

甲冑師の三浦公法さん。戦国時代の鎧を完全に復元する日本でも数少ない甲冑師だ。

「義元は大将ですから、甲冑にも煌びやかなものを着用しなければ、沽券に関わります。祖先の甲冑を大事に使ったのかもしれません」

身体全体の力が槍先の一点に入る

そこで、義元はどうやって討たれたのか、鎧の構造から探った。

「鎧を構成している部品は2種類あります。革札という牛の革でできているものと、0・8㎜ぐらいの鉄板の小札を使います」と三浦さんは義元の鎧の構造を説明する。

2種類の材料を交互に重ね、犬の革で造ったひもでつなぎ合わせ、漆を何度も何度も塗り重ねて厚みと強度を持たせる。

実験では、義元の鎧と同じ構造をした本物の鎧の袖を用意した。この鎧を様々な本物の武器で攻撃する。

実験は無人カメラで記録。実験していただいたのは、各武器の達人ばかり。義元を仕留めたのは、刀なのか、弓矢なのか、槍なのか。真相はいかに……。

結果は左の写真の通り。唯一、義元の鎧を貫いたのは、槍であった。

これについて、先の三浦さんが説明してくれた。

「古い鎧だと、鉄札に当たって槍の角度が瞬間的に変わります。そうなると、鉄と革の隙間に入ってしまうのです」

これについては、ゲストの高橋英樹さんも指摘する。

「槍は攻撃力があります。力が一番入ります。身体全体の力が槍先の一点に行きますから、突くというのは強いですよ、斬るよりもはるかに強いです」

実験結果

刀で攻撃

刀での鎧の斬り口は10cm。坂口さんが語る。「ここが一枚板じゃなくて、重ねているから、刀が流れます。全部斬るのは容易ではありません」

弓で攻撃

突き抜けたのは矢じりの先端、わずか1cm。本橋さんは語る。「矢が致命傷になる甲冑では役に立たないでしょう。これくらいが妥当ですね」

槍で攻撃

武器はこれだ

槍の先が鎧から10cmも食い込んだ。渡邊さんは語る。「相手の懐に入って打ち込めば、相手に致命傷を与えられたと思います」

槍で貫かれた鎧

指で古い甲冑の隙間に槍が入ったところを指摘する三浦さん

実験III

長柄槍の使い方を検証

織田信長は桶狭間を転機に戦術を大きく変えている。少数精鋭という戦術を捨て、大軍を組織して戦いに臨むようになる。集められたのは農民など戦争の素人。彼らを足軽として大量動員した。その大転換のカギを握ったのが槍。素人同然の足軽を軍団にするために、信長は槍をどう使ったのか。

実験の舞台は信長ゆかりの清洲城。まずは一対一で戦った時、素人同然の足軽の槍は戦場で通用するのか。先端がスポンジ製の安全な槍を使って槍の名手と対戦してみよう。

槍の名手は、実験IIに参加していただいた渡邊桂一さん。対する素人同然の足軽は大学生の森崎さん。空手は黒帯だが、槍を手にするのは初めて。実験はというと、いうまでもなく、あっという間に喉を突かれてしまった。

上からたたきつける。そして、隊列を組む

では、どうやって、信長は素人同然の足軽を戦力にしたのか。それが長柄槍だった。長柄槍は通常の槍の2倍の長さで6mを超えるという。

記録を頼りに造ってみた。しかし、長すぎて、なおかつしなり、通常の槍のように使うことは無理。では、どうやって使ったのか。戦国時代の足軽の語る戦場の心得が残っている。その『雑兵物語』によれば、「槍はつくものとだけ思いなさるな。敵の槍を上からたたきなされい」と書かれている。

実験データ

実験の参加者

大学生の森崎さんとその仲間たち

実験の舞台、清洲城

愛知県清須市にある清洲城が実験の舞台だ

簡単に負けた足軽

戦いは一瞬で終わった。負けた大学生の森崎さんは、「プロ相手に素人が行っても無理です。威圧感がすごいです」と語っている
※先端がスポンジ製の安全な槍を使用

6mもの長柄槍

6mを超える長柄槍。1本の竹をそのまま使い、布を巻きニカワで塗り固めるという簡単な方法で再現

長柄槍を上から落として使った

次の瞬間、木っ端みじんになってしまった瓦。実験者の渡邊さんは話す。「あの槍が当たっていたら、頭の骨が折れるんじゃないですか」

そこで大実験。長柄槍を上からたたき落とすように使った。協力してくれたのは、先ほどの渡邊さん。長柄槍を5枚重ねた瓦に振り下ろすと、結果は木っ端みじん。

ここに一枚の絵がある。長柄槍を持った戦いを示したものだ。『川中島合戦図屏風』であるが、そこには最前列に長柄槍を持った足軽たちがいる。彼らはどんな戦

桶狭間の戦い

いをしたのか、大実験。

この実験の参加者は大学生の森崎さんと仲間4人。先端がスポンジ製の長柄槍で槍の名手、渡邊さんと戦う。渡邊さんの槍の長さは通常のもの。

実験スタート。渡邊さんは、足軽たちの槍を上からたたくが、相手の5本の槍が長すぎて、自分の槍が届くところまで入れない。結局、5人の足軽に追い詰められた渡邊さんは、素人同然の足軽に刺されてしまった。

戦いの後、渡邊さんは語った。

「相手方が矛先をそろえて、ゆっくり前進してくると、やっぱり踏み込めないですね」

一方、足軽の森崎さんはこうコメントした。

「(槍が)長さで勝っていることと、仲間が隣を守ってくれているので、すごく戦いやすかったです」

ゲストの高橋英樹さんは信長の戦術の革新性を指摘する。

「信長の勝利は偶然性が多いといわれますが、勝つ方法を必死に考えて、それを実践していく。長柄槍もその一つ。そんな能力がすごかった人だと思います」

長柄槍の足軽隊が槍の達人に勝ってしまった

手にした通常の長さの槍が届くところまで近寄ることができず、逆にやられてしまった達人
※先端がスポンジ製の槍を使い安全に配慮して実験

長柄槍の編制を示す絵

最前線に陣取る長柄槍の部隊。『川中島合戦図屏風』
(柏原美術館 蔵)

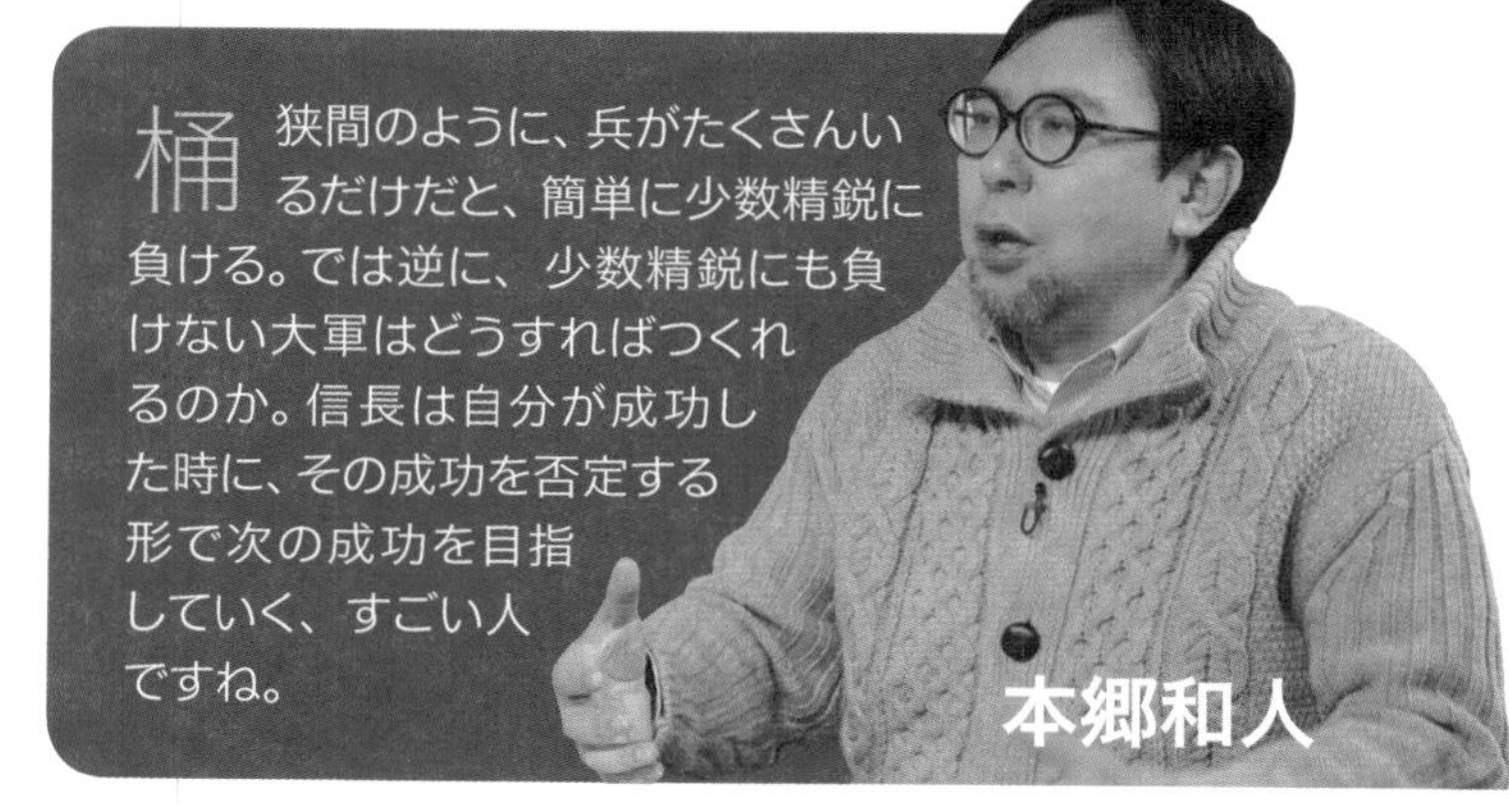

桶狭間のように、兵がたくさんいるだけだと、簡単に少数精鋭に負ける。では逆に、少数精鋭にも負けない大軍はどうすればつくれるのか。信長は自分が成功した時に、その成功を否定する形で次の成功を目指していく、すごい人ですね。

本郷和人

実験でわかった4

川中島の戦い
上杉VS武田　激戦の秘密

車懸かりの陣の謎が明らかに

いまだに謎が多い、第四次川中島の戦い。陣立てから検証する。

新しい戦法をつくり出して信玄を討ち取ってみせよう

上杉謙信
イラスト／小宮國春

今回の実験では、戦国の戦いを根本から変えた大革命、伝説と謎に包まれた川中島の激戦の真実に迫る。

名だたる武将が討たれ壊滅的打撃を受けた武田軍

千曲川と犀川に挟まれた川中島。1561年（永禄4年）、妻女山（さいじょさん）に布陣した上杉軍1万3千は、海津城に立てこもる武田軍2万とにらみ合いを続けていた。

9月9日、決戦は武田信玄の策略から始まった。その夜、武田軍は別動隊を上杉軍の背後に回して奇襲をかけ、上杉軍が山を下りたところを挟み撃ちにしようとした。しかし、上杉謙信はその動きを

合戦データ

日付	1561年9月10日
場所	信濃国更級郡川中島 （現・長野県長野市）
上杉軍	8千
武田軍	8千

鶴翼の陣が破られた理由とは？

戦国時代きっての名勝負といわれる川中島の合戦。信濃の制覇、日本海への進出を目指す甲斐の武田信玄とそれを阻もうとする越後の上杉謙信は、現在の長野市にある川中島で、5度にわたって激突。その中でも、最も激戦になったのが、第四次川中島の戦いだ。一説には両軍ともに8割の死傷者を出しながらも、引き分けに終わったとされる。

この川中島の戦いには大きな謎がある。前半の戦いは、上杉軍の圧勝。武田信玄の鶴翼の陣を打ち破ったという、上杉軍の車懸かりの陣とは？

さらに、戦いの後半では、音に聞こえた武田の騎馬軍団が、退却を始めた上杉軍に圧倒的勝利。両軍の死者が8割に及んだ、その激戦の実態は？

鶴翼の陣で謙信に引導を渡してやる！文字通りの死闘だ

武田信玄
イラスト／小宮國春

川中島の合戦図

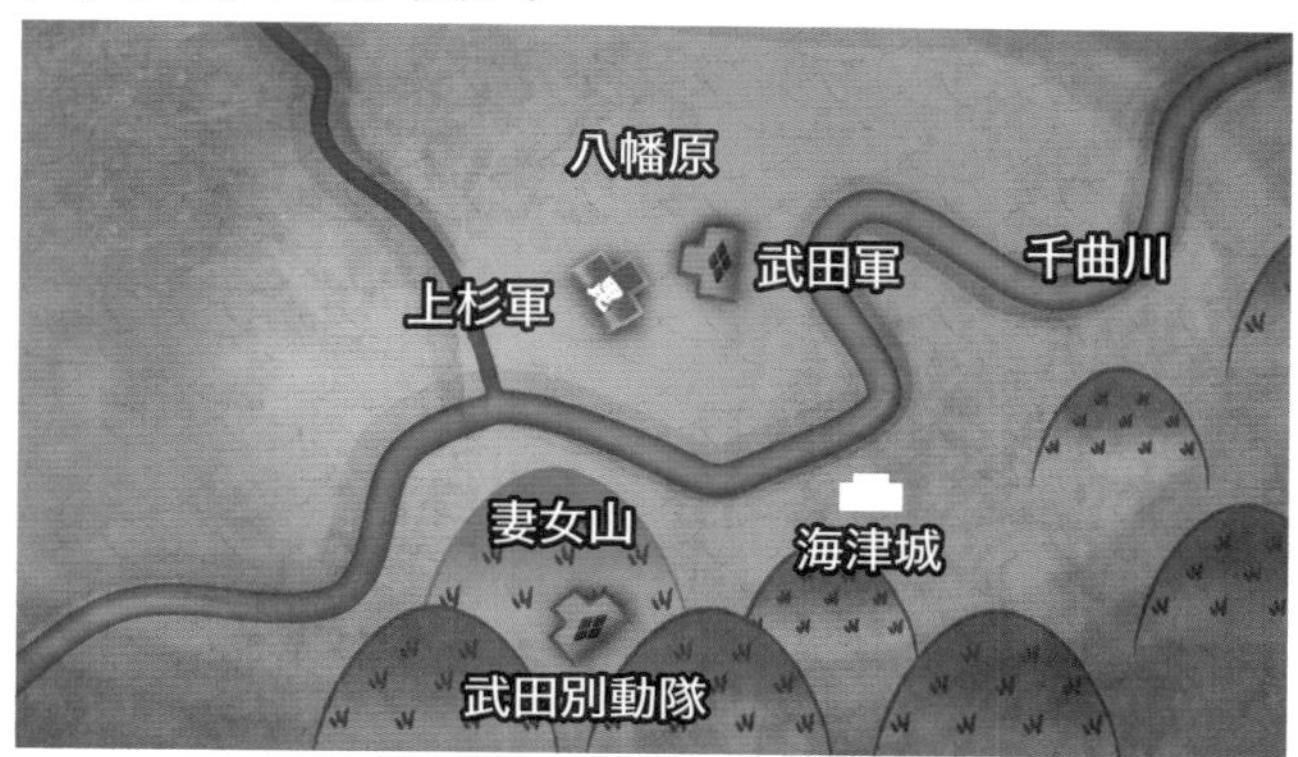

察知して、先回りして山を下り、武田軍の本隊を突いた。
　夜明けとともに、武田軍の本隊と上杉軍が、川中島の八幡原で戦いの火ぶたを切った。
　この時、武田軍の兵力は8千。対する上杉軍も同じく8千だった。歴史史料の『甲陽軍鑑』によると、戦いの前半は、上杉軍が武田軍を圧倒した。信玄の弟、信繁や軍師、山本勘助など名だたる武将が討たれ、武田軍は壊滅的な打撃を受けた。

鶴翼の陣

翼を広げた形の陣

敵を包囲し、せん滅する

車懸かりの陣

部隊は回転しながら攻めた!?

常に高い攻撃力が維持された!?

上杉の車懸かりの陣とは何だったのか

　上杉軍8千、武田軍8千。同じ兵力ながら、なぜ上杉謙信は、前半戦圧勝することができたのか。その謎を解くカギが、両軍の陣形にあった。

　川中島の戦いで、信玄は、鶴翼の陣という陣形を組んだ。鶴翼の陣では鶴が翼を広げた形に兵を配列する。敵の攻撃を正面の部隊が受け止め、両翼の部隊は敵の両横に回り込んで包囲し、せん滅することを狙う必殺の陣形だ。

　しかし、川中島には、武田軍にとって予想もしない事態が待っていた。上杉軍がこれまで見たこともない不思議な陣形で攻めてきた。『甲陽軍鑑』にこう書かれている。

「謙信は我が軍の陣を何度も回って立ちはだかる」

　車懸かりと呼ばれる上杉軍の謎の陣形の前に、武田軍は本陣まで攻め込まれ、苦戦を強いられたのだ。謙信の車懸かりとは、どのような陣形だったのか。

　江戸時代の軍学者によると、車懸かりは渦巻き形の陣形で、部隊は回転しながら攻めたとされる。先頭の部隊が戦いきると、次の部隊と交替。車懸かりでは常に高い攻撃力が保たれたという。

　果たして、その攻撃力はいかばかりのものであったのか。


武田信玄と戦って10年敗れなかったということだけでも、上杉謙信は相当優れた人間だったと思います。ただし、歴史学的にいうと、川中島の戦いはよくわからないのです。その謎を解き明かすという実験は非常に興味があります。

本郷和人

実験Ⅰ

車懸かりの陣は鶴翼の陣を撃破できるのか？

実験会場は、千葉県長生郡のいまは使われていない学校のグラウンド。上杉軍の車懸かりの陣形が、武田軍にどれだけ被害を与えたのか、大実験。

実験の参加者は上杉軍、武田軍とも40人ずつ。サバイバルゲーム愛好家のみなさん、千葉県スポーツチャンバラ協会のみなさん、その他、大学生や社会人有志のみなさんに集まっていただいた。

参加者の中から選ばれた総大将がやられるか、40人が全滅すると、戦いは終了となる。

武田軍の作戦は、鶴翼の陣で敵を包囲すること。一方、上杉軍は車懸かりの陣で、敵の中央突破を狙う。勝敗の行方は？

川中島の戦い。当時の主な武器は、鉄砲、弓、槍、刀の4種類。今回の実験ではそれぞれの武器を持つ4人が一組になって戦う。当

使用される武器

槍

槍はスポーツチャンバラで使う安全なもの

鉄砲

鉄砲は、サバイバルゲームで使われるトイガン

刀

刀はスポンジ製で相手のヘルメットのカラーボールを狙う

弓

弓はスポーツアーチェリー、矢の先はスポンジ製

車懸かりの陣と鶴翼の陣

上杉軍と武田軍が陣形を組んで対峙した

実験データ

両軍の参加者たち

サバイバルゲーム愛好家のみなさん。千葉大学、早稲田大学、慶應義塾大学、淑徳大学、東京農業大学、上智大学、清和大学、明治大学、横浜国立大学、立教大学の有志のみなさん。社会人有志のみなさん。千葉県スポーツチャンバラ協会のみなさん

実験会場

旧長生高等技術専門校（グラウンド）
（千葉県長生郡長生村）

時の火縄銃と同じ条件で、一発撃ったら、次は20秒間は撃てない。全員、安全のため、ヘルメットとゴーグル、フェイスガードを装着。

画面左側には毘沙門天の「毘」の旗を掲げた上杉軍。右側には風林火山の旗を掲げた武田軍が陣取る。

黒の甲冑が上杉軍。赤の甲冑が武田軍だ。両サイドに、上杉軍の車懸かりの陣と武田軍の鶴翼の陣が対峙した。実験スタート。

上杉軍、最初の4人が飛び出した。鉄砲と弓、続いて槍と刀。しかし、あっという間にやられる。

上杉軍の車懸かり、次々と中央突破を狙って攻撃をかけるが、突入するたびに潰されていく。武田軍の鶴翼の陣、恐るべし。

ついに上杉軍、攻撃の勢いも弱くなってきた。フィールドの外には倒された上杉軍の兵士がどんどん増えていく。

そして、武田軍の総大将、信玄が「攻めろ～」の声を上げた。上杉軍の戦力が落ちたのを見て、武田軍が鶴翼の陣で、上杉軍を包囲し始めた。

じわじわと迫っていく。ついに武田軍、上杉軍の本陣に回り込んだ。逆からも武田軍が攻める。謙信は包囲され、最後には討たれてしまったのだ。

なんと、武田軍の勝利！　歴史とは正反対の結果になった。車懸かりの陣が鶴翼の陣に負けてしまったのだ。

実験後の信玄側の大将は言う。

「一班一班来ると、二番目が来る前に、一番目をやっつければいい。人数も減っていくし、こちらの方が有利になってくる」

一方、謙信側の足軽のコメントが印象的だった。

「狙い撃ちされている。死にに行っているような感じがしました」

車懸かりの陣は、完膚なきまでに粉砕されてしまった。

本当に、江戸時代の軍学者が記した車懸かりの陣は、正しかったのか。

もし間違っていたとしたら、川中島の戦いで、武田信玄が見た謙信の車懸かりの陣は何だったのだろうか。

戦力の分散投入は絶対ダメというのは戦術のイロハのイです。相手を細かく分けて、それをひとつずつ潰していくのが戦術の基本ですから、それをわざわざ自分の方からやるのでは、勝てません。江戸時代の机上の空論と思います。

本郷和人

実験シーン

上杉軍は中央突破を狙う

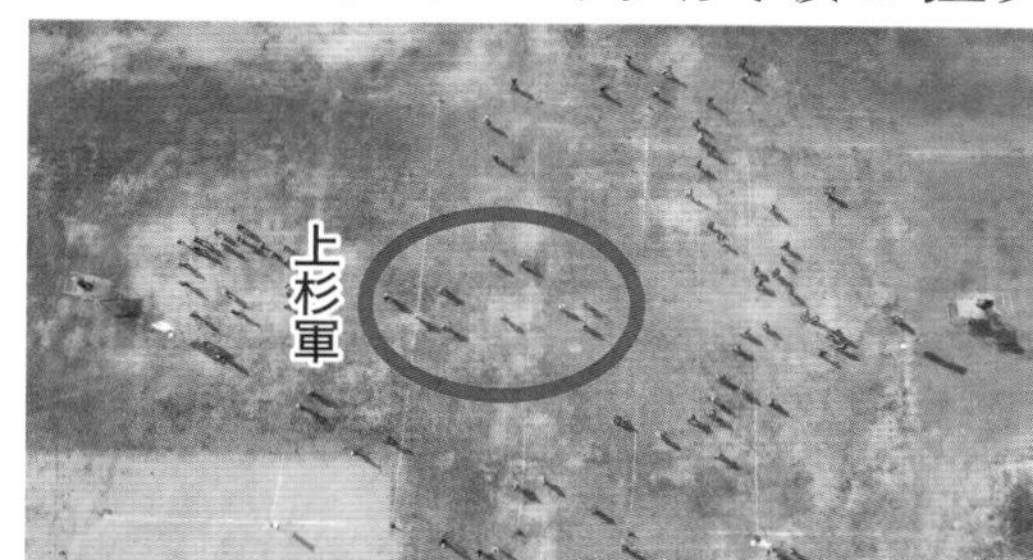

撃破される上杉軍

武田軍の反撃開始

囲まれる上杉謙信

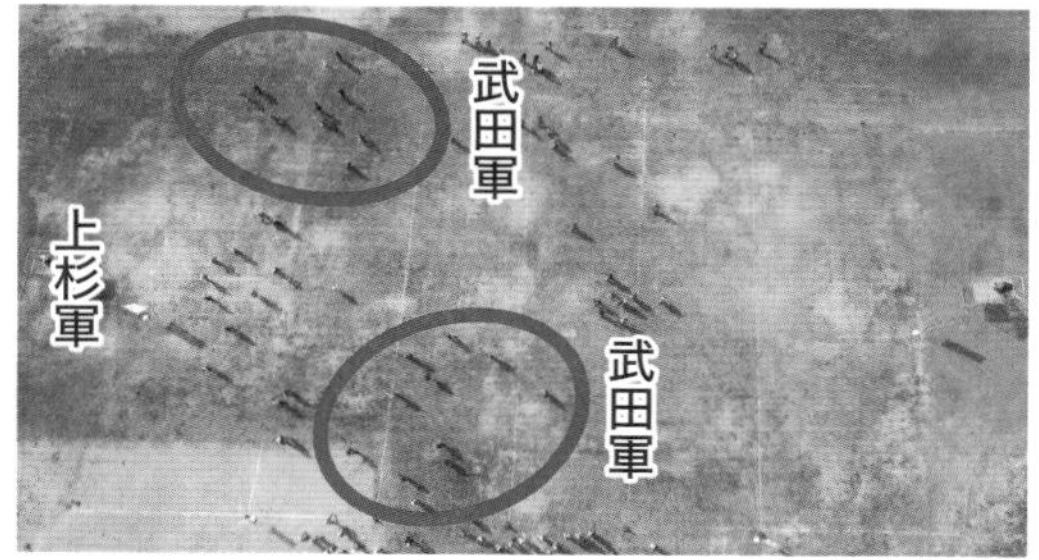

謙信　討たれる！

実験Ⅱ

車懸かりの陣の正体は武器別編制？

車懸かりの陣について、これまでとは違う説がある。車懸かりとは一つの陣形ではなく、鉄砲、弓、槍といった武器ごとに部隊を編制して戦う戦法ではないかという。

当時の各部隊は、血縁や地縁で結ばれた集団で、それぞれのリーダーに率いられていた。各部隊は鉄砲や弓、槍など様々な武器を装備し、それぞれが独立して戦う集団だった。

ところが上杉謙信は、こうした部隊をばらばらにし、鉄砲は鉄砲隊、弓は弓隊、槍は槍隊と、武器ごとに部隊を組み直したという。

部隊別編制だった車懸かりの陣

このことについて歴史家の乃至政彦さんは、こう説明する。

「上杉方の記録には川中島での陣立書があります。それを見ると車懸かりは、鉄砲、弓、長手槍、騎馬隊、旗と5つの兵士をうまく組み合わせた陣立てになっています。それ以前には、そのように編制を整えて戦うことはありませんでした」

そして、上杉は新しい戦法を生み出した。鉄砲隊が一斉に撃つと全体が前進し、鉄砲隊は最後尾に下がる。続いて最前列になった弓隊が矢を放ち、下がる。さらに、槍隊が槍で突進し、続いて刀隊が戦う。このように、武器ごとの部隊が次々に入れ代わり、敵を追い詰めていく。謙信の車懸かりの陣とは、部隊を武器別に編制する新たな戦法だったのではないか。その威力を大実験。

それまでの部隊編制

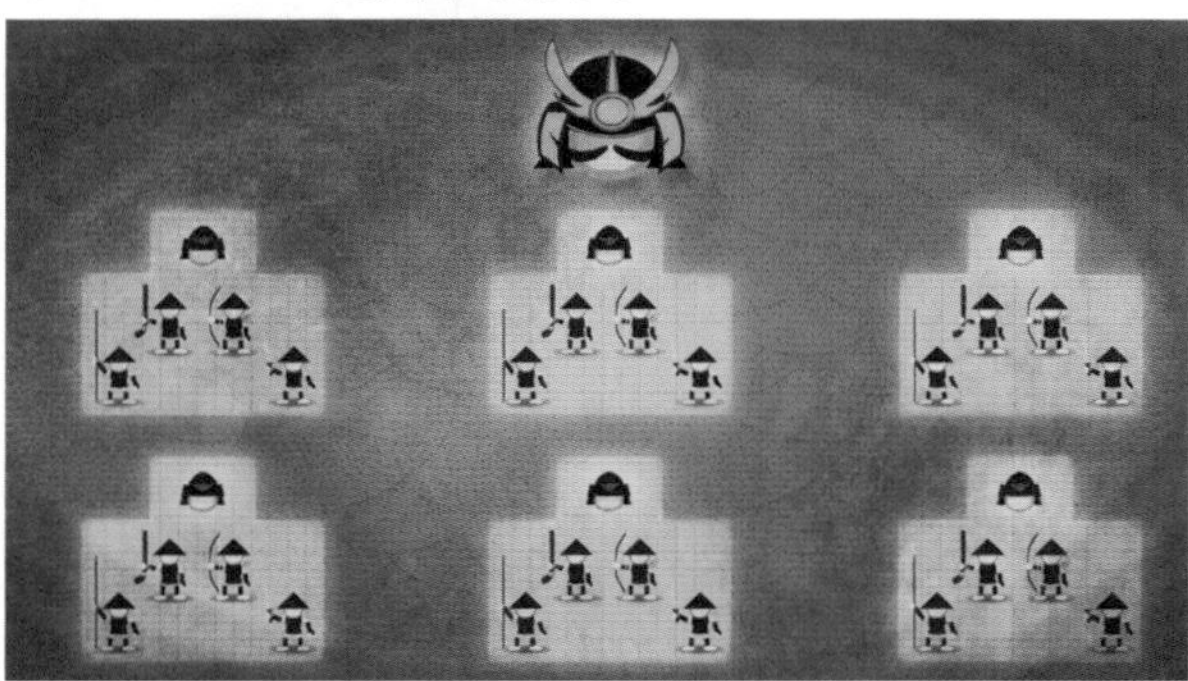

部隊ごと各種兵器を持って独立していた

武器ごとに部隊を編制

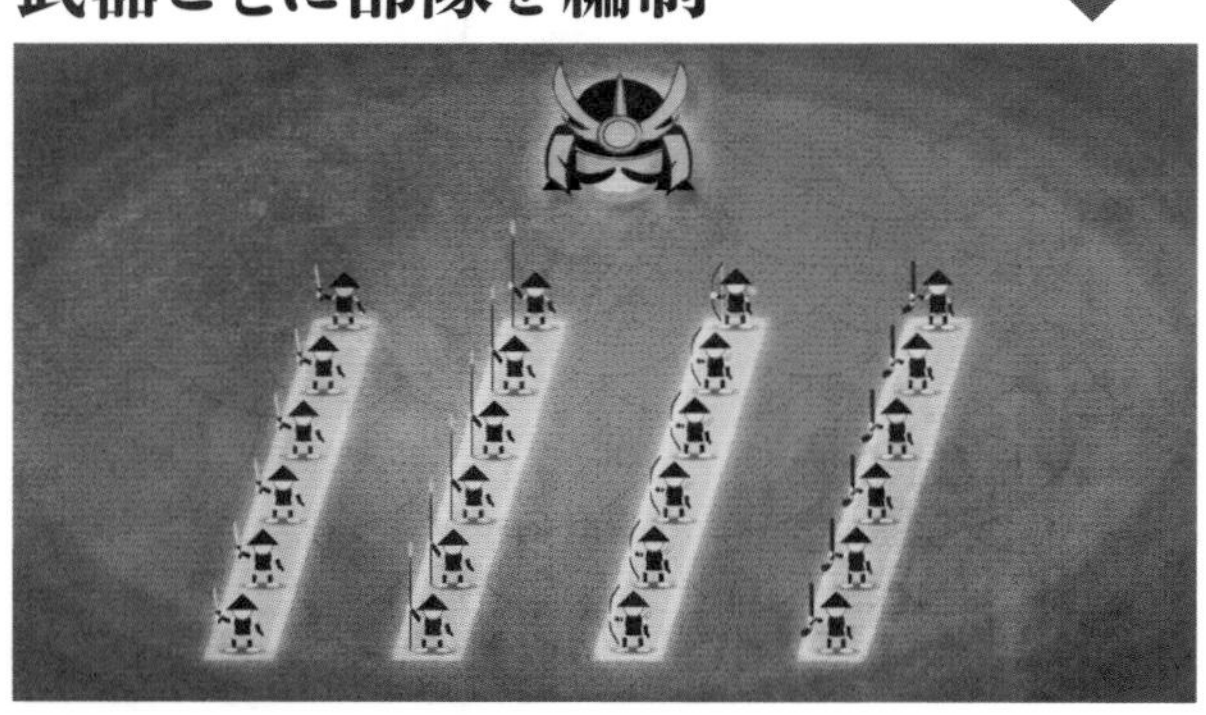

それまでの部隊を解体し武器ごとに部隊をつくった

武器別部隊の攻撃方法

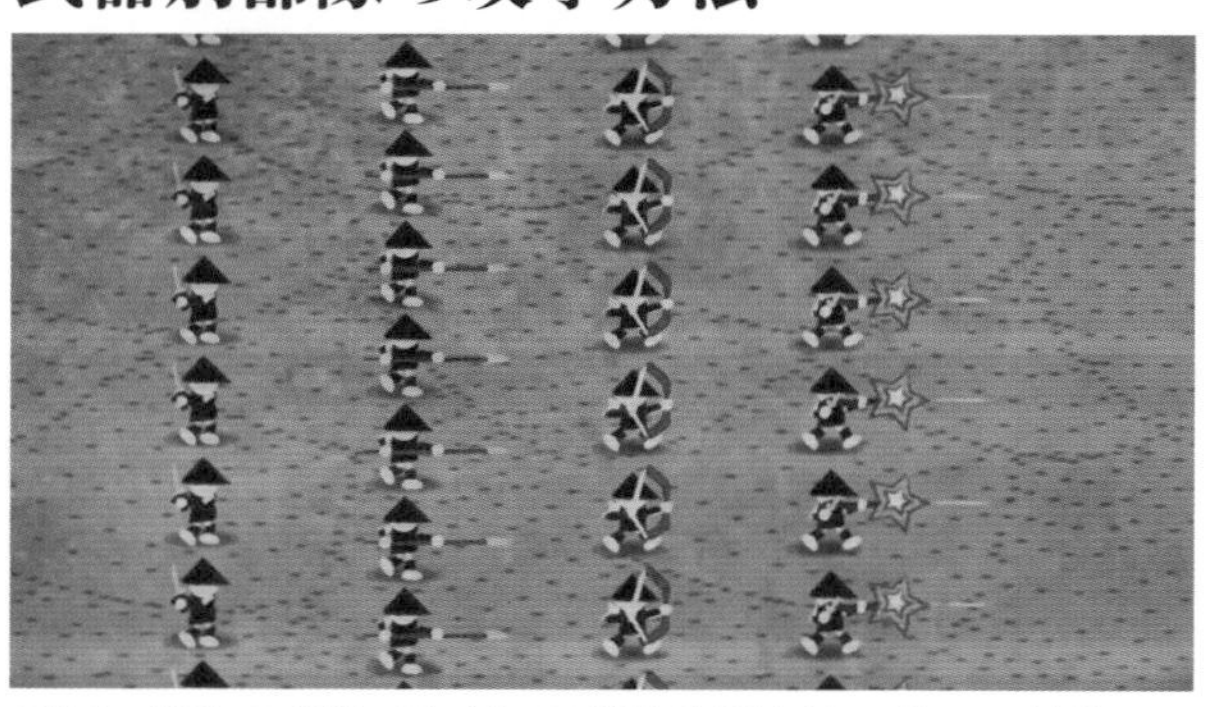

最初に鉄砲で攻撃。弓、槍、刀が鉄砲隊を追い抜いて前進

鉄砲→矢→槍→刀

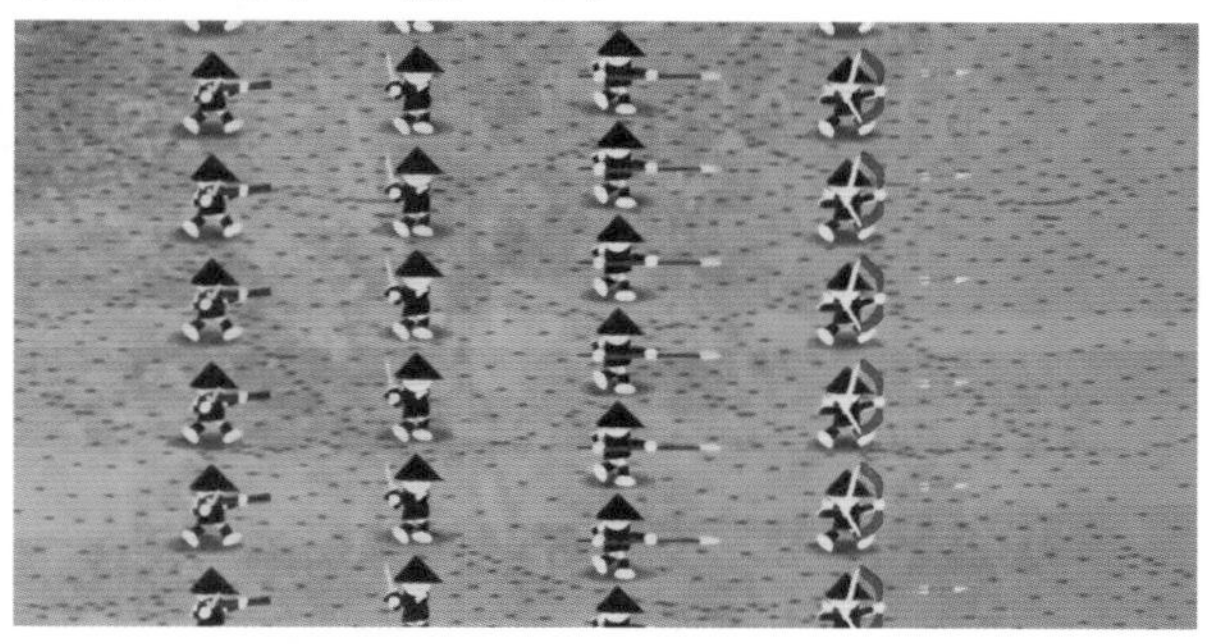

最前列になった弓隊が矢を放つ。続いて弓隊を追い抜いて槍隊が前に出る

実験場所は、実験Ⅰと同じ、千葉県長生村の会場。上杉軍の陣形は、武器ごとに横一列。一方、武田軍は実験Ⅰと同じ鶴翼の陣だ。

上杉軍、今回は勝利できるか。実験スタート。

わずか41秒で決着 恐るべき車懸かりの陣

上杉軍の隊列を整えて前進が始まった。まず、上杉軍の鉄砲隊10人が中央を目指して一斉射撃。一方、武田軍は中央の3人しか反応しない。そのため、武田軍は早くも被害を出してしまう。

続いて、上杉軍は弓隊が鉄砲隊を追い越して、最前線で矢を放つ。武田軍の中央に綻び(ほころび)が出始めた。次々に放たれる弓矢のスピードに、武田軍は両翼から戻ることができない。

続いて上杉軍の槍隊が一気に突撃。武田軍の中央が崩れ始めた。上杉軍は攻撃を中央に集中。上杉軍の大将、謙信も余裕をもって前進。武田軍の中央は陣形が崩れ、大将の守備が手薄になっていく。

しかも、ここまでかかった時間はたったの30秒。両翼に布陣した武田軍も、戻ることができない。武田の本陣はがら空きになった。

そこに、上杉軍の槍隊が突進。ついに槍が信玄の胸元に突き刺さり、実験終了。わずか41秒。上杉軍の勝利だ。これこそが車懸がりの陣ではないか。

この戦法には、緻密な計算が見られる。注目すべきは、それぞれの武器の射程。最前線に置いた鉄砲隊は、武田軍が有効射程に入ると一斉射撃。しかし、武田軍の両翼にいる鉄砲隊からは、弾が届かない。

さらに前進し、敵が弓の射程に入ると、弓隊全員が矢を発射。今度も開いたままの武田軍の両翼から矢は届かない。謙信は武器の射程を計算し、鉄砲対鉄砲、弓矢対弓矢の戦いになった時に常に数で勝る状況をつくって攻めるために、この戦法を思いついたのかもしれない。

武器別編制には大きな問題がありました。このころの部隊は地縁、血縁で固まり独立性を持っていました。その部隊ごとに、報酬を得ていたのです。それをバラすには、相当強力な大名権力が必要です。方法としては傭兵を使って大名独自の直轄軍をつくる。プロの軍人を雇うのです。謙信は日本海の貿易で稼いでいましたから、それができたのかもしれません。

本郷和人

実験シーン

上杉軍は真・車懸かりの陣

一斉に火を噴く鉄砲

続く弓隊

空いた中央を突破

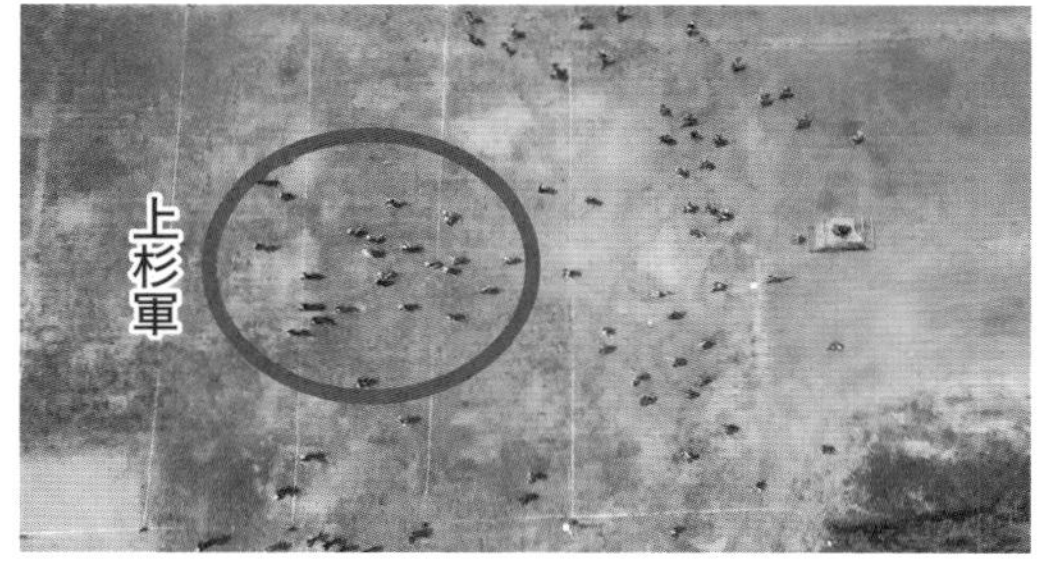

大将を一撃

実験Ⅲ

武田の騎馬隊の追撃力を検証

実験場所　木曽馬の里乗馬センター

「人馬一体」だった騎馬隊

『川中島合戦図屏風』より（柏原美術館 蔵）

上杉軍が武田軍を圧倒した川中島の戦いの前半戦。しかし、開戦から4時間ほどたって大きな転機が訪れる。上杉軍の背後を突こうとした武田の別動隊が川中島に到着したのだ。

状況が一変した川中島の後半戦

戦況の変化を予見した謙信は、これを機に一転退却を始める。本

実験データ

歩兵

木曽町のみなさん

騎馬武者

木曽馬愛好家のみなさん

騎馬隊の馬

木曽馬の里乗馬センターの木曽馬で実験

川中島の戦い

拠地越後を目指して全軍北へ向かった。

形勢は逆転。絶体絶命だった武田軍は息を吹き返し直ちに追撃。逃げる上杉軍を散々に追い立て、大きな被害を与える。こうして戦いの後半は上杉軍から多くの死傷者が出ることになった。後半は武田軍の大勝利だった。

しかし、なぜ、武田軍は逃げる上杉軍にそれほどまでの大打撃を与えることができたのか。

そこで注目されるのが、武田の騎馬隊。武田の本拠地、甲斐国は名馬の産地として知られ、山で鍛えた足腰の強い甲斐の馬は戦場でも恐れられた。

武田の騎馬隊が背後から襲ったのか？

この武田の騎馬隊が、退却する上杉軍に背後から襲いかかり、大被害を与えたのではないだろうか。果たして騎馬隊はどこまで勝利に貢献したのだろうか。

実験会場は、長野県木曽町にある木曽馬の里乗馬センター。ここで繁殖されている日本の在来種、木曽馬たちに参加してもらう。

ところで、戦国時代の騎馬隊とはどのようなものだったのか。ここに武田信玄が一族の河窪信実に送った「軍役定書（ぐんやくさだめがき）」がある。そこには戦の時に動員する装備や武器などが書かれている。

これによると、騎馬3騎を中心に鉄砲、槍など、合計28人で参加することになっている。このように騎馬武者は、部隊を指揮するリーダーであり、戦場では歩兵たちと一緒に行動するのが普通だった。

騎馬隊とはいいながら、その実態は「人馬一体」の部隊だったのだ。では武田の騎馬隊は、追撃戦の中でどのように活躍したのか。

実験Ⅲでは騎馬武者が歩兵を率いて、ともに上杉軍を追いかける。木曽馬に乗るのは木曽馬の扱いに慣れた木曽馬愛好家のみなさん。そして、歩兵隊は木曽町のみなさんだ。

武田の騎馬隊はどこまで追撃できたのだろうか。追撃する騎馬隊は騎馬武者が1騎と歩兵の4人が一緒に行動する。

今回は騎馬と歩兵のグループ6チームで実験。

退却する上杉軍は、軽トラック。トラックには的をつけて、追撃する武田の騎馬隊から逃げる。的は安全のため車体から２ｍ離してある。騎馬隊が使うのは槍。もちろん先端はスポンジ製。

上杉軍が逃げるのは１３０ｍ。騎馬隊はその40ｍ後方から追いかける。この間、何回的を突き、上杉兵を倒すことができるのか。上杉隊（トラック）が逃げるスピードは人間が走るスピードと同じだ。

いよいよ川中島の後半戦。上杉軍の必死の後退と武田軍の追撃が始まる。

実験ルール

武器　槍

先端はスポンジ製で安全を確保

騎馬隊の構成

騎馬武者1騎と歩兵が4人

コース

上杉隊（トラック）が逃げるのは130m。追いかける武田の騎馬隊は後方40mからスタート

上杉隊

逃げる上杉隊は的をつけたトラック

ケース1

騎馬武者1騎、歩兵4人で追撃

実験スタート

騎馬隊の追撃が始まった。上杉軍を追う6チーム。スピードに差があってバラバラだ。2チームだけが猛ダッシュで抜け出した。一緒に馬も人も走っている。

しかし、40mも来ないうちに、人が馬のスピードに追いつかず、馬と人が離れてバラバラになってしまったチームもある。騎馬隊のスピードを決めるのは、馬ではなく歩兵の走る速度。馬も速度を落とさざるを得ない。

的を突けたのは1人のみ

速い歩兵のいるチームは、なんとかトラックに追いついていく。そして、130mのゴールは目前。追いつけるのか。もう少し。ここで一撃！ 実験終了！

遅れたチームは、まだ走っている。走ってはいるが、歩兵のみなさんはかなりきつそうだ。息を切らして、やっとゴール。

結局追いついて的を突けたのは、6チーム合わせても、たった1人一回だけ。

実験が終わって馬に乗っていた木曽馬の里の中川剛さん。

「歩兵に合わせるのが結構たいへんでした。馬を抑えるのもたいへんでした」

的を突いた歩兵の男性も語る。

「頑張ってみて、なんとか行けた感じですけど、これ以上速かったら無理ですね。（馬に）合わせてもらった感じです」

これでは、上杉軍を追撃するのは難しい。

実験シーン

スタート

直後に差が

標的に迫る先頭

何とか一矢は！

的を突いた回数1回

※許可を得て安全に配慮して実験

ケース2 騎馬隊だけが横に並んで追撃

ケース1では、うまくいかなかったが、武田軍の『甲陽軍鑑』にはこんな記述がある。

「敵陣の乱れが目立つようになると信玄が騎馬全員に出撃を命じた」

信玄は、状況に応じて、騎馬武者のみの突撃を指示したと書かれている。よくドラマなどで描かれる騎馬隊が並んで疾走する合戦シーン。これこそが、川中島の騎馬隊の姿ではなかったか。

そこで歴史の大実験。

騎馬武者が横一列に並んで、上杉軍の追撃に挑戦する。今回は騎馬武者自らが槍を手にして上杉軍を突く。そして、歩兵は参加しない。

騎馬武者たちは、いくつ的を突き、どれだけ上杉軍を倒すことができるのか。実験スタート。しかし、スタート直後に横一列の隊列は崩壊。馬が向かう方向がバラバラ。中には逆方向を向いてしまう馬もいる。他の馬もスピードがバラバラで足並みがそろわない。

的に向かうと嫌がる馬

それでも、手前側の2頭は勢いよく前進していくが、的に向かうのは1頭だけ。だが、その馬も、なぜか的からそれていく。的に近づくと嫌がってしまうのだ。

そこを強引に寄せて、一撃。

今回も敵を倒したのは、1騎のみ。歩兵がいる場合と変わらない。

実験参加者は話す。「馬の速度の差もあって、速い馬は先に行ってしまうし、追いつくのが大変だった」。武田騎馬隊の追撃は難しいのか。

実験シーン

横一列に並ぶ騎馬武者

逆向きになる馬も

的を避ける馬

無理やり一撃

的を突いた騎馬武者1騎

ケース3

騎馬隊だけが縦一列で追撃

実験の中で、わかったことがあった。馬は横一列で走るのが苦手。槍を持って、片手で手綱を引くだけでは思う通りに動かない。

追撃する騎馬隊はどう動いたのか。これに対して、先の中川さんが貴重なアドバイスをくれた。

「馬は、普段群れで行動して、前の馬についていくということがよくあります。柵の外に乗りに行く時でも、縦に列になって行くことが多いです。横並びよりは縦並びの方が統制はとれやすいかもしれないですね」

縦一列ならば効果的な追撃ができるかもしれない。

前の馬を見て、自ら制御する馬たち

3度目の実験、今度は6頭の馬が、縦一列で追撃する。結果はいかに。実験スタート。

先頭の馬が勢いよく飛び出た。しかし後の馬は少し離されたか。しかし先頭の馬を追って加速して追いついた。

上空から見ると一直線になって疾走していく。そして、的が迫ってきた。すると、それぞれの馬が、コースを変えて的に向かっていく。ついに、先頭の2頭が手前の的を次々に突き、その次の馬も真ん中の的を突くことに成功。3騎の騎馬武者が的を突いたのだ。さらに、的は突けなかったが、上杉軍（トラック）に追いついた騎馬が2騎。6騎中5騎が上杉軍に迫ったのだ。

先の中川さんは話す。

「私は先頭ではなくて、後ろにいましたが、的が狙いやすくなりました。後ろからついていくと、制御しなくても、前の馬が的に導いてくれます」

これなら、上杉軍に大打撃を与えることはできたはずだ。馬の習性を知り尽くした武田軍だからこそできた戦術だった。

映画『天と地と』で上杉謙信を演じたゲストの榎木孝明さんは実験を見て、こう語った。

「小さい馬の方が、利があると思います。大きい馬だと脚が長い分、反動が大きくなります。小さい馬は速歩で走るとほとんど上下の揺れがないので、平行移動しているように走っていけます。（安定して）弓矢を撃てます。（武田騎馬軍団は）そういう訓練を若い時からしていますから、強いです」

恐るべし、武田の騎馬軍団だ。

実験シーン

縦一列でスタート

2頭に続いて一撃

的を突いた騎馬武者3騎
追いついた騎馬武者5騎

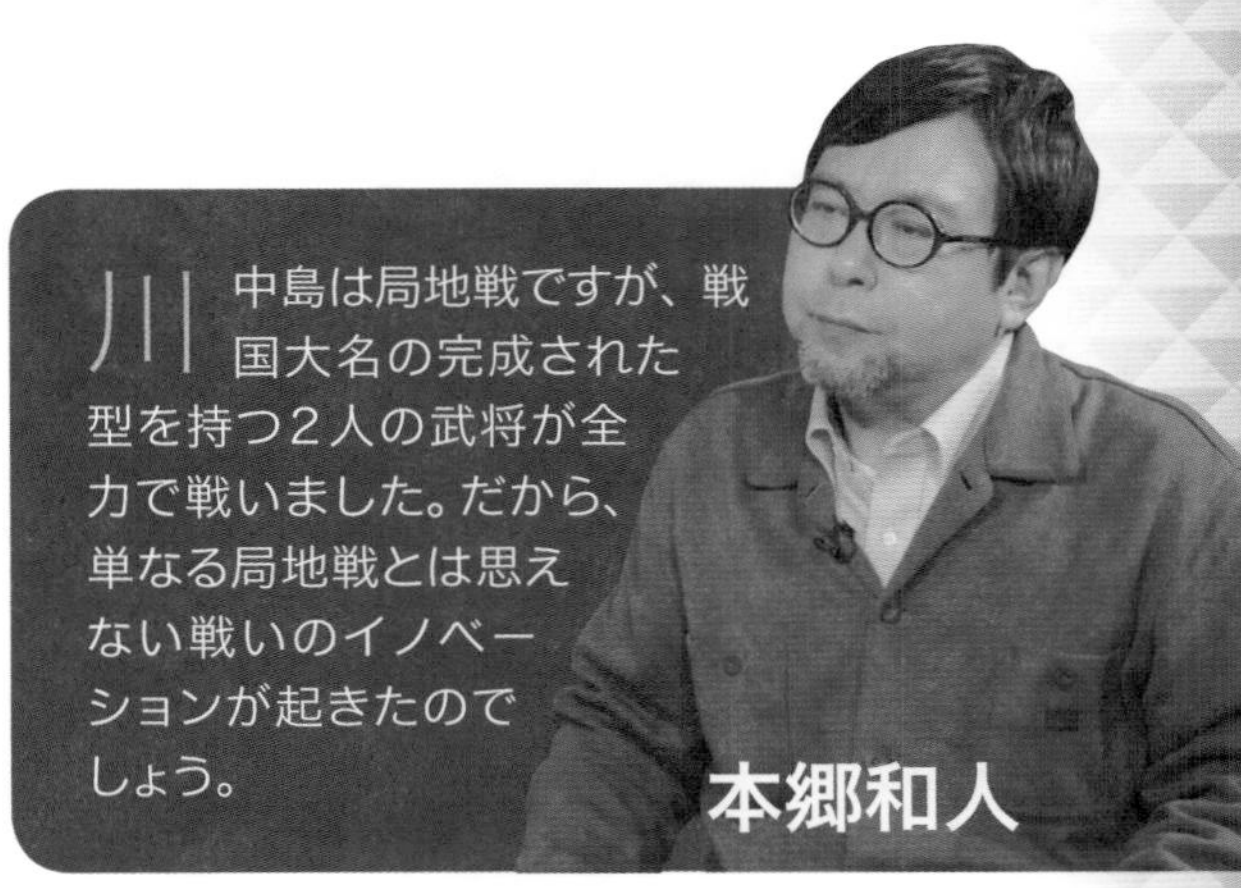

川中島は局地戦ですが、戦国大名の完成された型を持つ2人の武将が全力で戦いました。だから、単なる局地戦とは思えない戦いのイノベーションが起きたのでしょう。

本郷和人

第三章 織豊時代

風雲！大歴史実験

一、戦国鉄砲隊VS騎馬軍団
織田信長　軍事革命の秘密
（２０１５年７月25日放送）

二、豊臣秀吉　驚異の大返し
天下人への秘策に迫る
（２０１９年３月９日放送）

第三章 織豊時代

天下人(てんかびと)を決めた二つの戦い

まさに、時代のターニングポイント、信長の長篠の戦い、秀吉の賤ヶ岳の戦い。

この章は織豊時代である。織豊時代は織田信長と豊臣秀吉の時代。つまり、信長が京に上って実権を握ってから、秀吉がこの世を去り、代わって徳川家康が台頭するまでのおよそ30年間のこと。

この時期、戦国の世の戦いは、信長・秀吉による天下統一事業へと変貌していく。天下統一が実現されたのは秀吉が北条氏を攻め滅ぼした1590年。この間、天下を左右するできごとが3つあった。

長篠の戦い、本能寺の変そして賤ヶ岳の戦い

ひとつは信長が甲斐の武田を打ち破った長篠の戦いだ。信玄が死んだとはいえ甲斐の武田は大きな力を持っていた。信長が天下を手に入れるにはこの武田を倒すことが絶対に必要だったのだ。

2つ目が、本能寺の変である。実質的な天下人となっていた信長が、家臣・明智光秀の謀反によって、命を落としてしまう。

そして、3つ目が賤ヶ岳の戦いである。信長の跡目を決める戦い。それは次の天下人を決める戦いであった。秀吉は、ここで柴田勝家に勝つことで、ほぼ天下を掌中にした。

秀吉には、他にも光秀との山崎の戦いや、家康との小牧・長久手の戦いがあったが、賤ヶ岳の戦いこそが、戦術の確立と家臣団の形成において、秀吉にとって最も重要な戦いだったといえる。

この章では、この長篠と賤ヶ岳の戦いを検証する。まさに時代のターニングポイントだった戦いだ。

1573年(天正元年)	織田信長が京都より足利義昭を追放

1575年(天正3年)	長篠の戦いで織田信長に武田勝頼が大敗

1576年(天正4年)ごろの日本

1582年(天正10年)	天目山で武田勝頼が自刃。武田氏滅亡
同年	本能寺で織田信長死去。山崎の戦いで明智光秀に羽柴秀吉が勝利

1573年(天正元年)から 1590年(天正18年)までの日本

実験でわかった5

戦国鉄砲隊VS騎馬軍団

織田信長 軍事革命の秘密

真実の三段撃ちはこれだ！

武田の騎馬隊を破った長篠の戦い。そこに秘められていた信長の鉄砲戦略とは何か。

火縄銃の威力を検証

わが旗印は天下布武、武力で天下を統一し泰平の世を切り開くのじゃ

織田信長

イラスト／小宮國春

愛知県新城市、県の東部に位置する豊かな森の一角に、戦国時代の一大転換点となった戦場がある。火縄銃と呼ばれる鉄砲がここで、すい星のごとく歴史の表舞台に躍り出た。

合戦が行われた設楽原。そこに流れる小さな川、連吾川を挟んで織田・徳川連合軍と武田騎馬隊が対峙したのは、1575年（天正3年）、旧暦の5月21日。長い梅雨が明けた翌日のことだった。

川から織田・徳川連合軍の陣地までの距離は50m。意外と近い。信長はこの川に沿って、2kmにわたり、馬を防ぐ柵、馬防柵を築き上げ武田の騎馬隊をおびき寄せた。

この柵の内側から織田の鉄砲隊は待ち構え、連吾川あたりから襲い掛かってくる武田の騎馬隊に発砲した。

信長にとって最大のライバルだった武田

信長にとって、武田は最大にして、最後のライバル。天下統一のため徳川家康と同盟を組み、上洛を果たした信長は、領地を接する武田といつかは決戦せねばならなかった。

長篠の戦いの2年前の三方ヶ原の戦いでは、機動力とスピードにあふれる武田の騎馬軍団によって盟友、徳川家康は敗北。家康は生死の境をさまよった。

そして、翌1573年に武田信玄が病死。

しかし、跡を継いだ勝頼は騎馬軍団をさらに磨き上げ、父、信玄を上回る領土を獲得していった。当時、信長は武田を牽制するために、同盟関係にあった上杉謙信に、「四郎（勝頼）は若輩に候といえども、信玄の掟を守り、油断の義なく候」という手紙を送っている。

これについて、静岡大学名誉教授（日本史）の小和田哲男さんは解説する。

「信長は慎重に、絶対に勝てると思う段階まで戦いを仕掛けません。最初は、信長より信玄の方が強い

武田勝頼

法泉禅寺 蔵

合戦データ

日付	1575年5月21日
場所	三河国設楽郡長篠（現・愛知県新城市）
織田・徳川連合軍	3万5千（鉄砲隊3千）
武田軍	1万2千

戦国鉄砲隊vs騎馬軍団

長篠の合戦の様子

『長篠合戦図屏風』(大阪城天守閣 蔵)

のです。だから、その時には、戦わないようにしています。そして、ある程度戦えるぞとなった時に、思い切って戦う。これは上杉謙信との関係でも同じです。

そういう意味では、信長は周りを見て、考えて行動しています」

騎馬隊に絶対の自信を持っていた武田勝頼

旧暦5月21日、戦いは夜明けとともに始まった。織田・徳川連合軍は3万5千。対する武田軍は1万2千。勝敗を決したのは兵力の差。そして、信長が組織した3千人ともいわれる鉄砲隊だった。

しかし、決戦の前日、武田勝頼は別の城を守る家臣に意外な手紙を送っていた。

「長篠を攻めていたら、信長と家康がやって来たので、対陣することになった。この機会に敵陣をどんどん攻撃し、念願だった信長と家康を討ち取ることもできるであろう」

手紙に綴られた溢れんばかりの自信。それはどこから来たのか。相手の兵士の数は2倍以上。そして、3千人の鉄砲隊。連戦連勝の騎馬軍団とはいえ、かなり不利な状況に見えるのだが……。

当時の武将たちは鉄砲という新しい武器をどうとらえていたのか。そして、鉄砲と騎馬はどちらが強かったのか。大実験が始まる。

川岸より50mの馬防柵

愛知県新城市の設楽原にある馬防柵。川岸の武田軍の陣より50mのところに造られた

勝頼の手紙は、騎馬軍団に対する自信でしょう。機動力というのは戦争において重要なものですから。ただ、勝頼は鉄砲の威力を過小評価していたと思いますね。

鹿島 茂(フランス文学者)

実験Ⅰ

当時の火縄銃の性能を検証

長篠の戦いが行われた設楽原では、当時の状況を再現するために、信長が造らせた馬を防ぐ柵、馬防柵が設置されている。

長さ120cm 重さ4kgの火縄銃

武田の騎馬隊が突撃した川岸から馬防柵までは、約50m。馬のスピードを考えると、少し近いようにも感じるが、信長はなぜ50mという距離を選んだのか。

鉄砲と騎馬、どちらが強いのか。実験を前に当時の火縄銃がどんなものだったのかを見てみよう。

長さは120cm。重さは4kg。重心は日本刀と同じように、鉄砲鍛冶が鍛え上げた鋼鉄製。鉄砲伝来からわずか30年あまり、当時、火縄銃のほとんどが国産だったというから驚きだ。

新城市設楽原歴史資料館の主任学芸員で、長篠・設楽原鉄砲隊の一員でもある湯浅大司さんに、火縄銃の実演をしていただいた。

まず、鉄砲を縦にして銃口から火薬と弾を入れる。

次は木の棒を使って弾を奥へと押し込む。

そして、火皿にも火薬をセット。暴発を防ぐために一度、火蓋を閉じるのがポイント。

息を吹きかけ火をおこして火縄をセット。

さらに先ほど閉じた火蓋を開け、発射。

雷のような光と轟音を発し 鉄の壁すら撃ち抜く

鉄砲伝来当時、火縄銃を初めて見た日本人は、「火を放てば、雷のような光と轟音を発し、鉄の壁すら撃ちぬく威力がある。世にもまれなものである」と書き残している。

鉄砲が強いのか、騎馬が強いのか。

火縄銃の実演（実演者は長篠・設楽原鉄砲隊の湯浅大司さん）

銃口から火薬と弾を

弾を奥へと押し込む

火薬をセットし、火蓋を閉じる

息を吹き火縄をセット

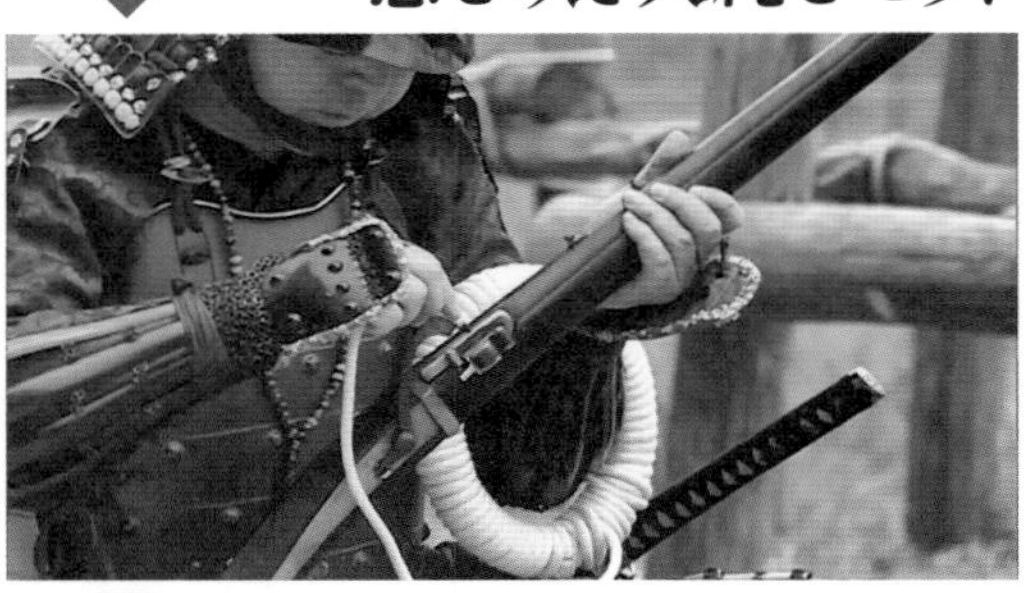

火蓋を開け、発射

※警察の許可を得て撮影

その1 火縄銃の威力を知る！

いよいよ長篠の戦いで信長が使った、火縄銃の性能を見ていこう。最初の実験場は栃木県にあるニッコー栃木綜合射撃場。まずは、その威力・破壊力の実験だ。

ヒノキの板はひとたまりもなく貫通

実験の協力者は日本前装銃射撃連盟の青木孝さんと大山比左男さん、そして橋本昌憲さん。いずれも火縄銃の経験は10年以上になる。

今回、火縄銃の威力を調べるために最初に用意したのは、厚さ2・5㎝のヒノキの板。戦国時代、武将たちは弓矢を防ぐために厚い木の板を利用していた。

一方、火縄銃は、江戸時代後期のもの。みなさんが競技などで使うご自身の火縄銃。弾は直径13㎜。当時と同じ鉛製。

標的となるヒノキの板までは50m。長篠の戦いの馬防柵から武田の騎馬隊までと同じ距離だ。

鉄砲隊が発射した弾の威力はどうだったのか。ヒノキの板にチャレンジするのは火縄銃歴10年の橋本さん。果たしてその威力は。

弾除けの板もひとたまりもなく貫通。

鉄の鎧がぐにゃりと曲がってしまった

次の標的は江戸時代に造られていた鉄の鎧。本物を使用。鉄砲の登場によって、武将や足軽の姿は劇的に変わった。革の鎧から、鉄砲の弾を防ぐための鉄の鎧へ。自由に身動きできるよう鉄の鎧の厚さは1㎜。距離は50m。この鎧で鉛の弾を防ぐことはできるのか。

今度の撃ち手は大山さん。狙いすまして発射。見事命中。脇腹のあたりに当たって、一気に貫通。弾が当たった瞬間、錆が煙のように舞い、ちぎれた鉄の破片も飛び散った。当たったところは鎧がぐにゃりと曲がった。火縄銃の威力、恐るべし。

実験シーン

ヒノキの板を貫く

撃ち手は実験協力者の橋本さん。ヒノキの板を難なく貫通（写真右）

鉄の鎧を貫く

撃ち手は実験協力者の大山さん。撃ち抜かれた鎧（写真右）

※実験協力者が各自所有する火縄銃を使用し、警察の許可を得て実験

実験データ

弾

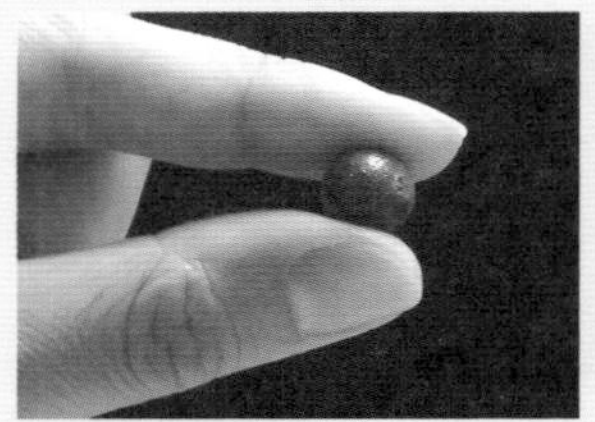

直径13㎜の当時と同じ鉛の弾

実験協力者

日本前装銃射撃連盟のみなさん、左から大山比左男さん、青木孝さん、橋本昌憲さん

実験場所

ニッコー栃木綜合射撃場（栃木県栃木市）

その2 火縄銃の命中率を知る!

火縄銃の威力はわかった。では、火縄銃の命中率は? 火縄銃は何mの距離まで、正確に弾を飛ばすことができるのだろうか。武将の姿をした標的を用意した。

標的までの距離は、まずは長篠の戦いの50m。そして、2倍の100m。現代の軍用ライフルでは百発百中といわれる距離。今回は3人が6発ずつ撃って、命中率を計る。

まずは100mから。競技会の2倍の距離だ。大山さん。6発撃つが、すべて微妙に外れている。続いて青木さん。青木さんは何とか1発命中。最後の橋本さんも一発も当たらず。結果、100mの距離は18発中当たったのは1発だけ。命中率6%。

構造が大きく違う現代の銃と火縄銃

実験協力者の青木さんは話す。

「50m以上になると、ラッパの先が広がっているように、弾の散り方が大きくなるのでしょう」

現在の銃と火縄銃には、大きな構造上の違いがある。弾が通る道を銃身というが、現代の銃は、そのなかが螺旋状に刻まれている。ここにロケット型の弾が発射されると回転が加わり、まっすぐ飛んでいく。

一方、火縄銃の銃身には螺旋の刻みもなく、弾は押し出されるだけで、空気や風の影響で様々な角度に飛んでしまうことがある。

では、50mではどうか。

結果、青木さんは6発中6発命中。橋本さんは6発中5発命中。大山さんは、少し緊張したのか6発中2発が命中。

3人の合計は18発中13発命中。命中率は72%だった。橋本さんは説明する。

「昔から50mぐらいまでは命中精度が高いといわれていたので、その通り実証できました」

これで、信長が50mのところに馬防柵を造った意味が見えてきた。

実験シーン

肉眼では遠い100mの的

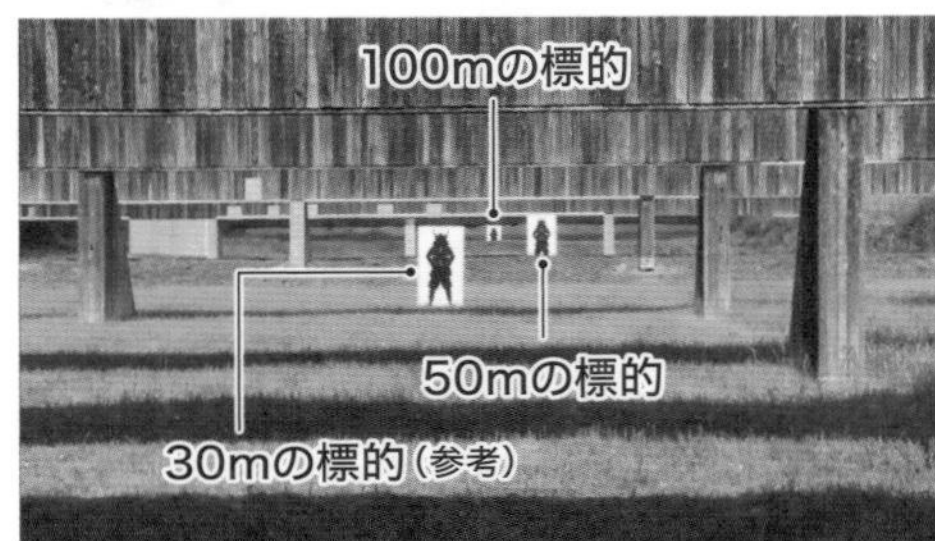

実験では50mと100mの標的を狙って撃つ

狙い撃つ青木さん

100m先の的は初体験の青木さん。それでも1発は当てた

火縄銃の銃身の構造

螺旋状の刻みはなく、弾は押し出されるだけ

現代の銃の銃身の構造

螺旋状の刻みがあり、ロケット型の弾で回転しながら飛ぶ

命中率

協力者	100m	50m
青木さん	1/6	6/6
大山さん	0/6	2/6
橋本さん	0/6	5/6
合計	1/18	13/18
命中率	6%	72%

風雲！大歴史実験5　**戦国鉄砲隊vs騎馬軍団**

実験Ⅱ

火縄銃は騎馬の機動力に勝てたのか？

木曽馬の小夏ちゃん、砂地でも力強い走りだ！

重い甲冑を着た中川さんを乗せても、平地50mを6秒78、砂地は8秒46

火縄銃には大きな欠点があった。それは、当時の武将たちも気が付いていた。命中率の低さ。雨が降ると火縄の火が消えて使えないこと。そして、何よりも大きな弱点が、一発の弾を込めて撃つまでに、時間がかかることだ。

たとえ、馬防柵に信長方の鉄砲隊が待ち構えていても、火縄銃を撃つまでの時間を、騎馬隊のスピードが上回れば全く役に立たなくなる。信長の鉄砲隊に対して、武田の騎馬軍団の機動力とスピードはいかなるものだったのか。

木曽馬の50mのタイムはかなり速い

信玄が勝頼に残した最大の遺産は戦国最強といわれた騎馬軍団だった。山岳地帯に育った黒駒の機動力で、武田の騎馬軍団は連戦連勝。全国にその名をとどろかせていた。

そこで大実験。場所は長野県木曽町・開田高原にある木曽馬の里乗馬センター。先にも紹介したように、ここには戦国時代に使われた在来種に近い木曽馬がいる。

この木曽馬の小夏ちゃんに、実験に参加してもらう。騎手は木曽馬の保護や育成を行っている中川剛さん。小夏ちゃんも中川さんも、他の実験で協力していただいてい

実験の協力者と馬

木曽馬の小夏ちゃん。短足で少しずんぐりとしている。騎手は中川さん。小夏ちゃんが背負うのは、甲冑などの重さもあり102kg。

る。

走る距離は、長篠の戦いの連吾川から馬防柵までの距離と同じ50m。実験にあたり、当時と同じ条件にするため、中川さんには甲冑を着てもらう。槍を加え、装備は当時と同じ13・1kg。

馬にも16kgの馬具を装備。これに中川さんの体重が加わり、総重量102kgを乗せて走る。

まずは、走りやすい平地の50mでタイムを計測。戦国時代の甲冑に身を固めた中川さんを乗せた小夏ちゃんが登場。

甲斐の黒駒

『川中島合戦図屏風』(和歌山県立博物館 蔵)

実験スタート。勢いよく走り出した小夏ちゃん。

どんなタイムが出るのか。あっという間の50m。果たしてタイムは……6秒78。

ただし、長篠の戦いの当日は長い梅雨が明けたばかり。前日までは雨が降り、ぬかるんでいた。そこで、足場の悪い砂地で50mを再実験。今度は馬防柵に見立てた牧場の柵がゴール。

2回目の実験スタート。小夏ちゃん、また勢いよくスタート。力強く走っていく。しかし、砂地に少し足がとられている様子。果たしてタイムは……8秒46。

火縄銃の撃てるスピードは騎馬に負ける

50mを駆け抜ける馬のスピードはわかった。果たして、信長の鉄砲隊は、これより早く火縄銃を撃つことができたのか。

ここで再び、日本前装銃射撃連盟の青木さんに火縄銃を撃ってもらった。弾込めから発射まで何秒かかるのか。

実験開始、秒数を計る。小夏ちゃんが走った時間は8秒46。これは弾込めの段階で過ぎた。火縄に息を吹きかけ火ばさみにセット、火蓋を開ける。

そして、発射。

時間は……31秒。これでは到底、騎馬軍団が攻めてくる時間に間に合わない。

ただし、火縄銃の発射に費やす時間を短縮する方法がある。

それは、あらかじめ弾と火薬をセットにして用意しておき、弾込めの時にまとめて一気に銃身に流し込む方法だ。再度、短縮パターンで実験することにした。実験者は青木さんと橋本さん、大山さんの3人。

まず、青木さん。弾込めを済ませ、火縄を吹く。そして、銃を取り上げた。この段階で、すでに8秒46が経過。的に焦点を当て発射。時間は……24秒。

続いて橋本さんと大山さん。二人とも銃を構えた段階で8秒46が経過。そして発射までのタイムは橋本さん17秒。大山さんは一番早く14秒だったが、8秒46には及ばず。

連吾川から馬防柵までの50mの戦い。もし、1対1であったなら、騎馬武者のスピードに火縄銃は間に合わず、討ち取られてしまう。

火縄銃の発射時間実験

装填最初からの時間

先の青木さんに協力していただいた。装填最初からの時間は31秒

短縮パターンの時間

先の3人に協力していただいた。一番早い大山さんでも14秒かかった
※実験協力者が各自所有する火縄銃を使用し、警察の許可を得て実験

実験Ⅲ

真実の三段撃ちを検証する

1対1で火縄銃と騎馬武者が戦えば、騎馬武者が勝つ。しかし、これを乗り越える策が信長にはあった。俗にいう三段撃ちである。三段撃ちとは鉄砲隊が3列に並び、最前列が隊長の号令で火縄銃を発射。撃ち終わったら最後列に下がり、次の発砲の準備を始める。続いて2列目が前に出て、次の号令で発射。これを次々に繰り返す。

果たして、信長は三段撃ちで勝利できたのか。再び実験を見よう。

実験会場は長篠の戦いがあった設楽原の古戦場。実験の協力者は長篠・設楽原鉄砲隊のみなさん。

定説の三段撃ちは失敗 新たな戦術を実験

騎馬隊が馬防柵に達するのは、先ほどの実験でわかった約9秒。9秒以内に連射ができれば、実験は成功。馬防柵の後ろに3人ずつ3列の鉄砲隊がそろった。実験スタート。

1列目に号令がかかる。発射。続いて2列目、弾込めは終わっている。

しかし、準備の遅い人に合わせた号令のため、撃つのに18秒もかかった。さらに3列目は20秒。

新城市の設楽原歴史資料館主任学芸員、湯浅大司さんが、これについて説明してくれた。

「隊長さんの号令で撃っていくのは時間もかかります。さらに一番遅い人に合わせて撃ちますから、自分の準備ができている状態であっても、前の人が撃ち終わっていないと撃てません」

この実験結果に、ゲスト喜屋武ちあきさん。

「横にズラッと並んでいたら、遠くまで声も届かないですよね」

ちなみに、喜屋武さんは、アニメ・ゲームが大好きで、三段撃ちを考案した織田信長を尊敬してやまないというアイドルだ。

これでは、武田の騎馬隊の進撃に間に合わせることができない。

定説をもとにした最初の実験は失敗に終わった。では、信長はどうやって火縄銃を連射したのか。

騎馬武者の連吾川から馬防柵までの所要時間は9秒。鉄砲隊はどうやって、この9秒を切ったのか。

定説の三段撃ちを実験

定説の三段撃ちとは？

最前列がそろって撃ち、続いて2列目が先頭に出て、そろって撃つ。それを繰り返す

2列目が撃つのに18秒！

3列目は20秒。これでは50mを9秒で疾走する騎馬武者には勝てない ※警察の許可を得て実験

実験データ

実験の協力者

鉄砲の演武などの活動を行っている長篠・設楽原鉄砲隊のみなさん

実験場所　設楽原決戦場

実際に長篠の戦いがあった愛知県新城市設楽原決戦場。馬防柵を使って実験

名付けて「三人組交代連射」実験スタート

ここで、鉄砲隊に新たな戦術を実験してもらうことにした。まずは、三段撃ちのスピードの障害と思われる隊長の号令をやめ、鉄砲隊が3人一組で、号令を待たずに次々と交代。そして、連射していく戦法だ。名付けて「三人組交代連射」。

火縄銃を撃つ間隔を何秒まで短縮することができるのか。

実験スタート。隊長の号令は最初だけ、あとは準備ができ次第交代で発射だ。一番右手の組が放った2発目は号令から9秒。後ろでは弾込めが始まっているが、連射は続いている。3列目も9秒を切った。

しかし、2巡目の途中で銃声が止まった。3人3列では人数が少ないのか。しかし、9秒以上の空白はない。もっと人を増やせば、より空白時間は少なくなるはずだ。

より時間を短縮する「位置固定連射」

可能性が見えてきた。ただし、実験はこれだけではない。火縄銃の連射の間隔をさらに短くする方法はないのか。

そこで考えたのが、三人組交代連射の交代をなくすという方法。

鉄砲隊は各自陣取り、準備ができ次第、撃っていく。

その場を動かず、各自のタイミングのズレによって連射が生まれるという戦法。名付けて「位置固定連射」。

鉄砲隊のみなさんの弾込めが始まった。最初の銃声が聞こえた。次々と連射される。間隔を計る余裕もなく連射された。

これらの実験について先の湯浅さんは解説する。

「実戦向きなのは、『三人組交代連射』でしょう。しかし、三人が入れ代わり立ち代わりで撃っていくので、移動の余分な時間が出ます。

設楽原の地形を考えた時に、連吾川沿いには河岸段丘がありますから、その河岸段丘上にひとりずつ立たせることも十分に可能です。だから、位置を固定した上での三段撃ちも可能性はあります。

もし、自分の前の人が外してしまった時に、さらに5m、10m近づいてきた敵に、自分が向かっていって、撃たなければならないと考えると、位置を固定してでも自分のペースで撃てる方が、より速いペースで撃てると思います」

位置固定連射が本当なのか、次の実験で確かめることにする。

「三人組交代連射」を実験

「三人組交代連射」とは？

最前列が撃ったら、2列目は準備ができ次第撃つ。号令を待つことはしない

すべて9秒以内に発射

実験者数が少ないため、間も空いたが、すべて9秒以内に連射

「位置固定連射」を実験

「位置固定連射」とは？

位置は移動せず、準備ができた者から次々連射。自分のタイミングで撃っていい

各々の場所から次々連射

この写真の柵の前にも3人が陣取る。火縄銃を発射。数える間もないほどの連射だ
※警察の許可を得て実験

実験IV

鉄砲隊vs騎馬軍団を再現

次の実験は、模擬決戦だ。決戦の場はカートレース場。武田の騎馬軍団は馬に見立てたゴーカート。全部で8頭。カートが進む先には馬防柵に見立てたブルーのシートの柵。その間は設楽原と同じ50mだ。そこを馬が9秒で駆け抜け、次々と押し寄せてくる。

一方、信長鉄砲隊は、サバイバルゲーム愛好家のみなさん。騎馬の標的にあたるおなかの穴に当たれば致命傷をあたえられるという設定だ。なお、鉄砲隊は、次の弾を撃つまでに火縄銃と同じ20秒の間隔をあけなければならない。

最初の実験は、定説の三段撃ち。先の設楽原の実験場では否定されてしまったが、決戦ではどうか。

実験開始。20秒ごとに「撃て」の号令がかかる。まず、最初の一発目。20秒待って2列目に「撃て」の号令がかかるが、その間に馬が駆け抜けていく。3列目も同じ。騎馬8頭はコースを3周する。騎馬が向かってくる回数は合計24回。結局、弾が当たった数は12頭。致命傷は10。半分以下だ。信長がこの三段撃ちをとっていたら壊滅だ。

決戦実験でも威力を発揮「位置固定連射」

「自分のタイミングで撃てないのは非常にやりづらいです。自分が狙った標的が行ってしまい、奥の標的を狙わなければいけない時の気持ちの切り替えが難しいですね」

信長鉄砲隊のコメントだ。

続いて、設楽原の実験場で一番成果の上がった「位置固定連射」で実験。鉄砲隊は自分たちが撃ちやすい場所で撃つことができる。ただし、1発撃ったら30秒間は撃てない。

実験スタート。9秒ごとに騎馬が来る。1発目は次々に命中。だが、2発目までは30秒待たなければならない。この間に1頭が……。

しかし、そのように通り抜けたのは、たった3頭だけだった。向かって来たのは先の実験と同じ24回だから、かなりの成果だ。21頭を討ち取ったことになる。

信長鉄砲隊は話す。

「動いてしまうとリズムが狂うので、今回は時間だけを気にして落ち着いて撃てました」

設楽原の実験場と同じく「位置固定連射」のすさまじさがわかった決戦だった。

実験結果

定説の三段撃ちで模擬実験

24頭のうち10頭撃破

号令のない間に通り過ぎる馬。当たったのは12発。そのうち腹に当たった弾は10発

「位置固定連射」で模擬実験

24頭のうち21頭撃破

腹に当たった弾は22発。ただし同じ馬に当たった弾があるので撃破した馬は21頭

実験データ

実験の協力者

サバイバルゲーム愛好家のみなさん

決戦の場所

カートレース場、中央サーキット藤野（神奈川県相模原市）

実験V

数の力は質を凌駕するのか？

鉄砲を大量に駆使して、質の高い騎馬軍団を壊滅に追い込んだ信長。本当に「数の力は質を凌駕するのか」。最後の実験が始まる。

参加者はサバイバルゲーム愛好家のみなさん。このみなさんを二つのチームに分けて実験。技量、経験豊かなベテランチーム。そして、技量は平均的な足軽チーム。使用する武器は、オモチャのライフルだ。

まずは、ベテラン3人対足軽6人。弾が当たると手を挙げて戦線離脱。スタートの瞬間、4秒でベテランチームは全滅。一方、足軽赤チームの生き残りは2人。犠牲者が4人。犠牲者は足軽チームが多かった。

続いて、ベテラン3人と足軽9人。今回は5秒でベテランチーム全滅。足軽チームの犠牲者は2人。

さらに、ベテラン3人対足軽18人。これはベテランチームが4秒で全滅。一方、足軽チームはなんと犠牲者がゼロ。

この実験について、NPOランチェスター協会の常務理事、研修部長の福永雅文さんは説明する。

銃撃戦では数が多ければ、多いほど圧勝する

「ベテランチームに3人いますから、足軽チームも3人ぐらいの犠牲者が出ると思った人が多かったと思います。しかし、違いました。

これがランチェスターの第二法則です。兵力数の2乗倍に戦力がなるという法則があるのです。

だから、足軽チームが18人になった時、足軽チームは無傷なのに、ベテラングループが全滅したのです」

ランチェスターの法則では、軍の戦闘力は、武器の性能×兵数の2乗となる。銃撃戦では、数が多ければ多いほど、圧勝してしまう。

しかし、信長が軍事力を高めるためにしたことは、これだけではなかった。常備軍を用意したのだ。

そのために、信長は兵農分離を推し進め、鉄砲足軽まで広めた。

信長の鉄砲隊には、安定した生活を求めて兵士たちが集まってくる。さらに、その兵士たちは城のそばに屋敷を構え城下町が誕生した。城下町では商業や工業が奨励され、そこからの税収が兵士たちの給料になった。新しい経済の循環が新しい鉄砲足軽を生み出した。

実験シーン

ベテランチームは3人で構成

ベテランといえども、相手が多くなると、反撃の糸口が全く見つからなくなった

足軽チームは最終的に18人に

18人の時は圧勝。完全勝利だが、相手に誰の弾が当たったかはわからないという

実験の対戦チーム

ベテランチーム

サバイバルゲーム愛好家のみなさん。黄色い腕章の技量、経験の豊かな方々

足軽チーム

サバイバルゲーム愛好家のみなさん。赤い腕章の比較的技量、経験の浅い方々

エピローグ
鉄砲を捨てた日本人

武田の騎馬軍団を倒した信長の鉄砲隊。ここから戦場の主役は大きく変わっていく。

先の小和田哲男さんは解説する。

「関ヶ原の戦いの時の、伊勢の安濃津城の戦いで、何によって人が亡くなったかが記録として残っています。それによると圧倒的に鉄砲による死者なのです」

鉄砲の登場によって、戦いの質も変わる。武士道の時代から、誰でも使える鉄砲が登場することで、殺戮の時代になっていく。そして、日本の国も大きく変わった。

上洛を果たした信長が真っ先に直轄地にしたのが堺。その堺は鉄砲鍛冶の一大集結地であった。

当時、銃は、銃身、発射装置、銃床を別々の職人が分業生産し、一つの鍛冶屋で完成させていた。この効率化が堺の大量生産のカギとなったのだ。そして、堺という地には大きなメリットがあった。

世界有数の銀の生産国だった日本

堺火縄銃保存会の名誉会長、二宮要さんが説明する。

「堺は鉄砲に必要な火薬が大量に手に入りました」

堺は、大きな貿易拠点であり、海外から火薬の原料になる硝石や、弾の鉛、さらには火縄の木綿が大量に手に入った。そして、この堺の貿易を発展させるために、信長が目をつけたのが銀だった。

生野銀山などを直轄地にし、そこから出る大量の銀をもとに、鉄砲の原料を輸入。それによって、日本は世界有数の銀の生産国になった。

ただ、織豊の時代が終わり、関ヶ原で大量の死者を出した銃はその後、消えていく。世界最大の鉄砲大国だった日本は銃を捨てたのだ。天下泰平を守るため、徳川幕府は火縄銃の所有を制限し、徹底的に管理していった。日本人は自らの手で鉄砲を捨て、平和を手にしていった。経済学者（専門は比較経済史）で静岡県知事の川勝平太さんは話す。

「当時、最先端の武器が鉄砲です。この鉄砲を日本は使わなくなった。そのことをアメリカの作家で大学教授だったノエル・ペリンは象徴的にGiving up the Gun（鉄砲を捨てた日本人）と言っています。そして、鉄砲が鍬となって新田開発が進みます。新田開発が進むと食べ物が増えますから、当時1千万人の人口が3千万人になったのです」

銃を捨て国は豊かになったのだ。

堺の街並み

堺を押さえて、天下統一に乗り出した信長。堺には海外から多くの情報が集まっていた

鉄砲を管理した徳川幕府

火縄銃の鑑札。徳川幕府は鉄砲を管理することで、天下泰平の江戸時代をつくった

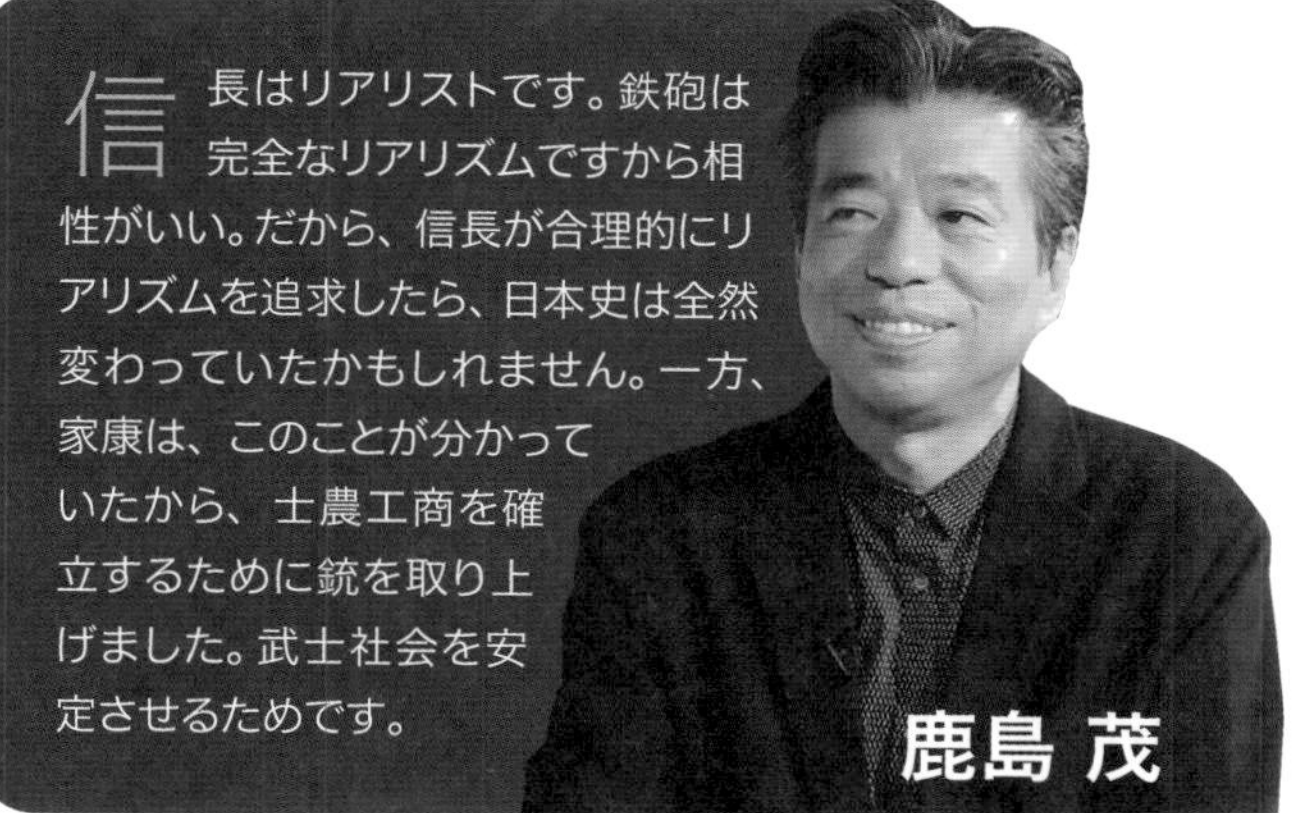

信長はリアリストです。鉄砲は完全なリアリズムですから相性がいい。だから、信長が合理的にリアリズムを追求したら、日本史は全然変わっていたかもしれません。一方、家康は、このことが分かっていたから、士農工商を確立するために銃を取り上げました。武士社会を安定させるためです。

鹿島 茂

風雲!大歴史実験

実験でわかった6

豊臣秀吉　驚異の大返し　天下人への秘策に迫る

大移動をコンピュータで解析!

秀吉の天下を決定づけた美濃大返し。その秘策をコンピュータを使って分析する。

どえりゃー驚いたか、工夫すれば、52kmも素速く移動できるんだがね

豊臣秀吉
イラスト／小宮國春

スポーツ科学も真っ青な秘訣

秀吉の大返しは二度あったことはご存じだろうか。一度目は中国大返し。本能寺で織田信長を討った明智光秀を倒すため、備中高松城から2万の大軍を高速移動。わずか8日間で200kmを走破した。

二度目は、その1年後。大返しの戦法をさらに進化させた。秀吉が柴田勝家と天下人の座を争った賤ケ岳の戦い、その勝敗を決した美濃大返しである。

52kmを走破し、すぐに戦えた秘訣とは何か

賤ヶ岳のはるか東、美濃大垣城にいた秀吉は、1万5千の兵を率いて賤ヶ岳の麓、木之本(きのもと)までの52kmの道のりを高速移動。大垣城を出発してわずか10時間後に攻撃を開始している。そして、準備の整わない柴田軍を討ち破り、勝利を収めた。

なぜ、秀吉は、そんな驚異のスピードで高速移動し、なおかつ、到着後、ほとんど休む間もなく戦うことができたのか。

そこで、歴史の大実験。美濃大返しをやってみる。52kmの道のりを実際に走破。1万5千の軍勢は到着まで何時間かかったのか。さらに、到着後、足軽たちに戦う体力は残っていたのか。徹底検証。52kmを走り抜く、疲れにくい走法とは？　秀吉がこだわったのは、なんと握り飯、その意外な効果とは？　そして、大軍の移動をリアルに再現。大渋滞を解消した秀吉の秘策とは？　美濃の大返しがいま明らかになる！

1万5千の大軍がこんなに速く移動できるとは……

柴田勝家
イラスト／小宮國春

合戦データ

日付	1583年4月20日、21日
場所	近江国伊香郡賤ヶ岳 付近(現・滋賀県長浜市)
秀吉軍	約5万(大返しは1万5千)
柴田軍	2〜3万

実験Ⅰ

秀吉は移動に何時間かかったのか？

まず、最初の実験。秀吉は移動に何時間かかったのか。秀吉軍の武将、田中吉政の家臣がまとめた『川角(かわすみ)太閤記』によると、秀吉は馬で移動したという。

当時の馬は、身体が小さい日本古来の在来馬。その馬が、重い鎧の騎馬武者を乗せて、52kmもの長距離を走ることはできたのか。

実験場所は、いままでにも登場した長野県木曽町の木曽馬の里。実験の協力者も木曽馬の里の中川剛さんと木曽馬の菜々ちゃん。菜々ちゃんには伝統的な鞍をつけてもらい、中川さんは鎧を着用する。

まず、牧場の外周を全速力で走り、スピードを計る。外周は3km。

実験スタート。秀吉ならぬ中川さん、飛び出した。これは速い。かなりのスピードだ。ぐんぐん加速。

おっと、急にスピードが落ちた。そして、菜々ちゃん、ストップ、もう走れない。実験終了。

実験結果は時速17km、距離は976mだった。中川さんは話す。

「（全速力は）もともと逃げるためのスピード。外敵から逃げるのに何十kmも走る必要はありません。トップスピードが出ても距離は稼げないですね」

全力ではなく、速足で実験

馬は長距離を走り続けることはできないのか。秀吉、万事休す。美濃大返しは幻に終わるのか。そこで、木曽馬の習性をよく知る中川さんに相談し、別の走りでもう一度実験。

実験スタート。再び、秀吉が飛び出した。おや、先ほどよりはスピードダウン。走るというよりは速歩き。菜々ちゃん、テンポよく進んでいく。これなら、52kmも問題なさそうだ。3kmの外周を完走し、実験終了。菜々ちゃんも落ち着いている。結果は時速12・3km。

中川さんは話す。

「これだったら、慣れていれば1時間ぐらいはいけます。1時間走って10分ほど休めば呼吸が整います」

秀吉は時速12km程度の速足で移動し、1時間ごとに休憩をとったと考えられる。これならば、木之本に5～6時間で到着は可能だ。

ただし、これは騎馬武者が単独で移動した時のこと。大軍で移動したらどうなるのか。

実験シーン

全速力で駆け出したが……

結果　時速17km。距離976m

途中で力を使い果たしてしまった木曽馬の菜々ちゃん

速足だが、しっかりとした足取り

結果　時速12.3km　外周完走

これなら1時間は走ることができそうだ

実験データ

実験の協力者

木曽馬の里の中川剛さんと木曽馬の菜々ちゃん。菜々ちゃんにかかる重量は90kg

実験コース

牧場の外周3kmのコースを走る

解析

コンピュータでわかった大移動

秀吉軍1万5千の大軍の移動には時間がどれくらいかかるのか。秀吉軍の陣容は騎馬武者が1500騎、歩兵が1万3500人ほどだと考えられる。まず、これだけの人と馬を動かしてみる。

千葉県にある日本大学生産工学部にお邪魔した。ここでコンピュータを使って人と馬の動きをシミュレーションしていただく。

協力していただいたのは日本大学教授（数理情報工学）、古市昌一さん。美濃大返しをシミュレーションするため、そのルートや地形、アップダウン、道幅など、膨大なデータを入力する。

全軍同時スタートで大混乱が……

秀吉軍は大垣城を中心とする城下町に布陣し、美濃路を通って木之本に向かったとされる。大返しを実行した秀吉軍の大垣城での布陣は写真1の通り。黄色が騎馬武者、白が歩兵。一つ一つに人工知能AIを搭載、それぞれが自分の判断で動く。まずは、全軍同時に、各自思い思いに木之本を目指して移動した場合を解析する。

解析開始、大垣城から出陣する。しかし、思うように進まない。城下町のあちこちで渋滞が起こる。

あるエリアでは足の速い騎馬武者が先に行こうとするが、歩兵た

部隊編制（写真1）

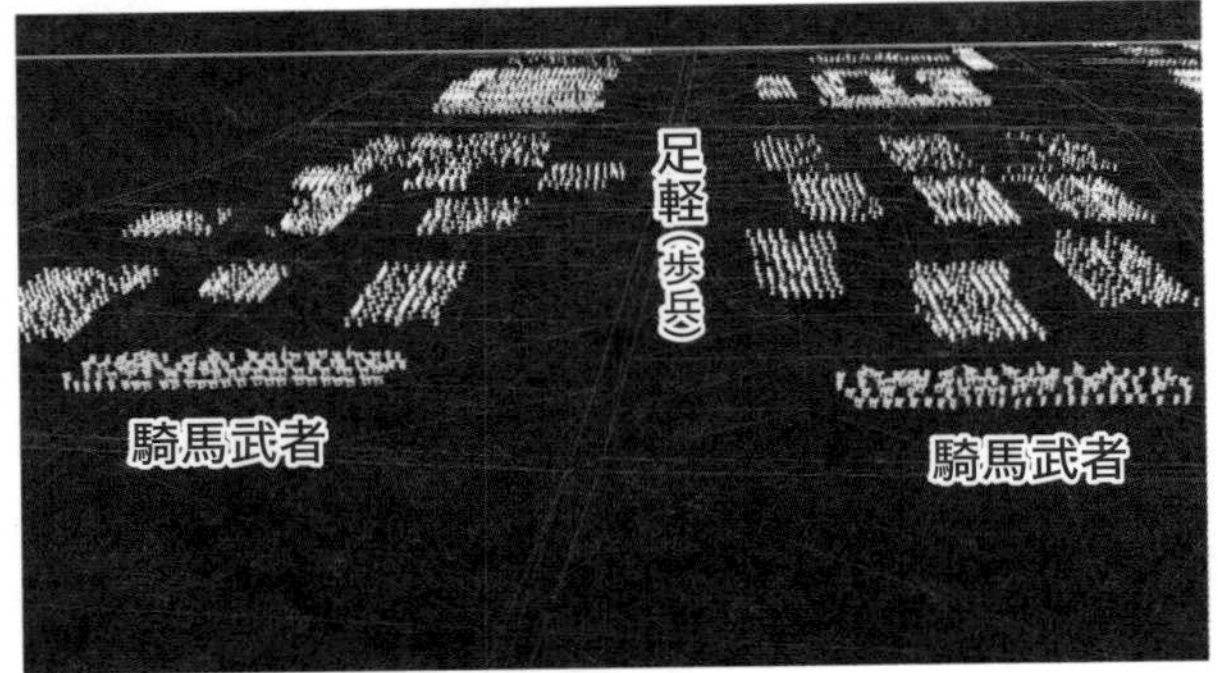

黄色が騎馬武者。白色が足軽（歩兵）

同時出発の場合

同時出陣で大渋滞

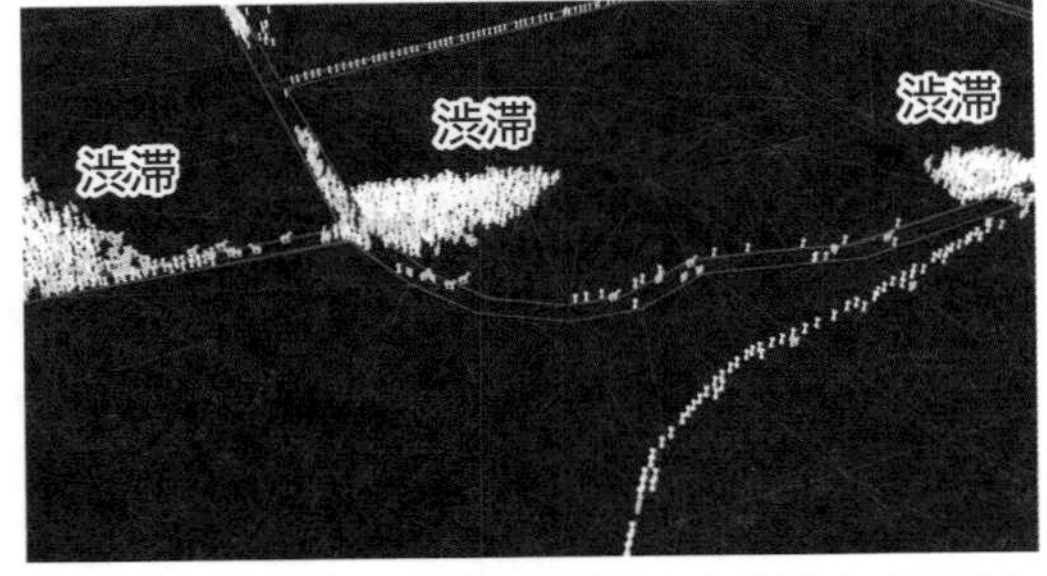

いたるところの角で渋滞が。回避のため逆走する馬も

十字路で右往左往する騎馬武者

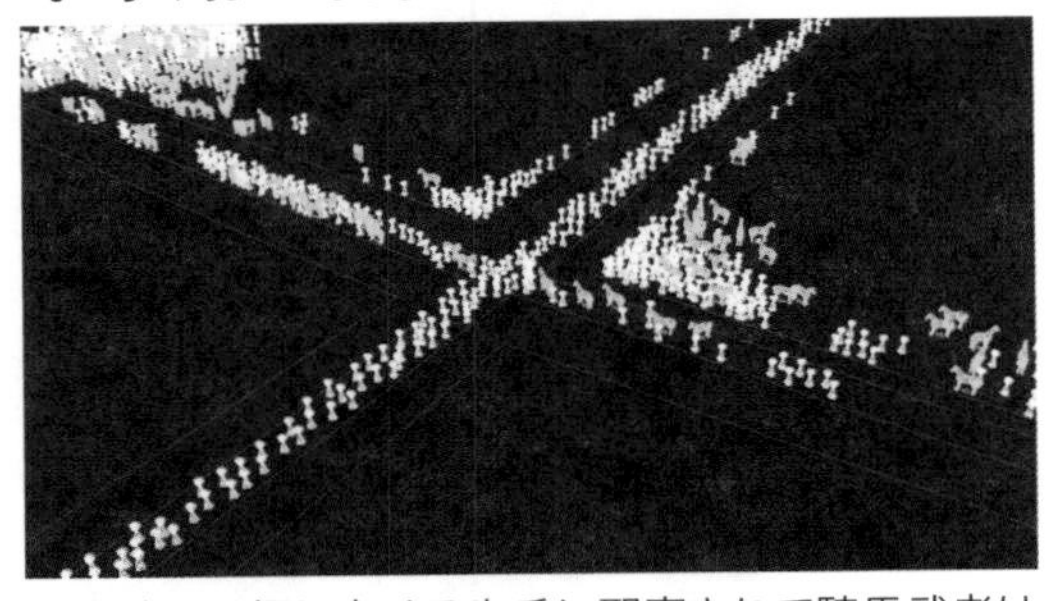

十字路では押し寄せる歩兵に邪魔されて騎馬武者は身動きが取れなくなっている

実験データ

解析協力者

コンピュータシミュレーションの専門家、日本大学教授（数理情報工学）、古市昌一さん。共同研究を行うシミュレーターのプロも協力

解析場所

日本大学生産工学部（千葉県習志野市）

美濃大返しのルート

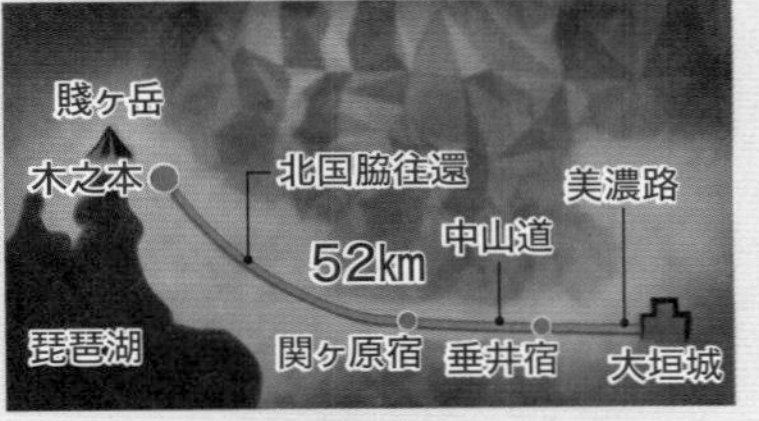

52kmにわたる地形をすべてデータ化して入力

ちの渋滞に巻き込まれ右往左往する者が続出した。そのため、渋滞を避けようと逆走する騎馬武者も。

十字路では四方から歩兵が押し寄せ、騎馬武者の身動きがとれなくなっている。大垣城の城下町を上空から見てみると、混乱がよくわかる（写真2）。

オレンジ色は混雑してスムーズに動けない状況、赤は止まってしまっている状況だ。

秀吉軍が城下町を出るだけで3時間8分も経過してしまった。城を出てからも秀吉軍は20km以上大行列。様々なところで渋滞が起こっている。結局、全軍が木之本に到着するまで14時間19分もかかった。これでは賤ヶ岳の戦いに間に合わない。

時間差スタートで渋滞が緩和に

大軍を動かすには、軍団運用の工夫が必要になることがわかった。そこで、秀吉ならぬ古市先生に工夫していただいた。

「町の中で騎馬と足軽（歩兵）が混在した状況がありました。騎馬を出発させてから足軽（歩兵）を出発させることにします」

ポイントは編制ごとの時間差スタート。騎馬武者を最初にスタートさせ、次に移動が遅い歩兵が出陣。さらに、歩兵は3つに分け、時間ごとに出発させるという作戦だ。

出陣時間差作戦。秀吉の腕前やいかに。秀吉軍出陣。

まず、黄色の騎馬武者1500騎が出陣。先ほどに比べるとスムーズに街道を目指している。13分後、白の歩兵第1陣が出陣。この時、騎馬武者のほとんどは街道に入り木之本に向かっている。

さらに、30分後、歩兵第2陣が出陣。ちょうど、歩兵第1陣の渋滞が緩和した時にスタートしている。先ほどのような混乱はない。そして、そのあと30分後に歩兵の第3陣が出陣。この段階で第1陣は城下町を後にしている。

時間差スタートでは、全軍が同時にスタートした時に比べて、ほとんど渋滞が緩和されている。秀吉軍のすべてが大垣城下を出るのにかかった時間は1時間51分。同時スタートに比べて1時間以上も短縮された。

赤が大渋滞のところ（写真2）

赤が大渋滞。オレンジが混雑を表している

結果、10時間をオーバー

街道でもいたるところで渋滞が起きている

編制別出発の場合

騎馬武者から出発

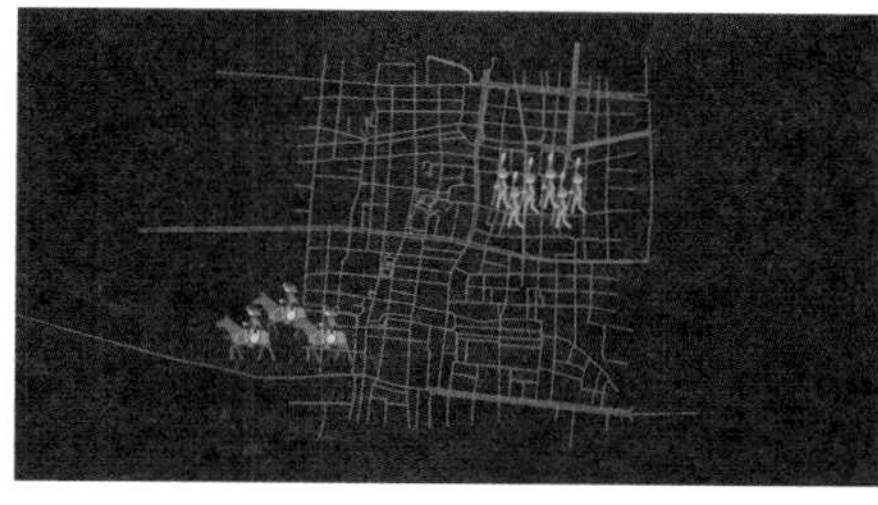

時間をおいて騎馬武者、歩兵第1陣、第2陣、第3陣と出発していく

スムーズに騎馬武者が出発

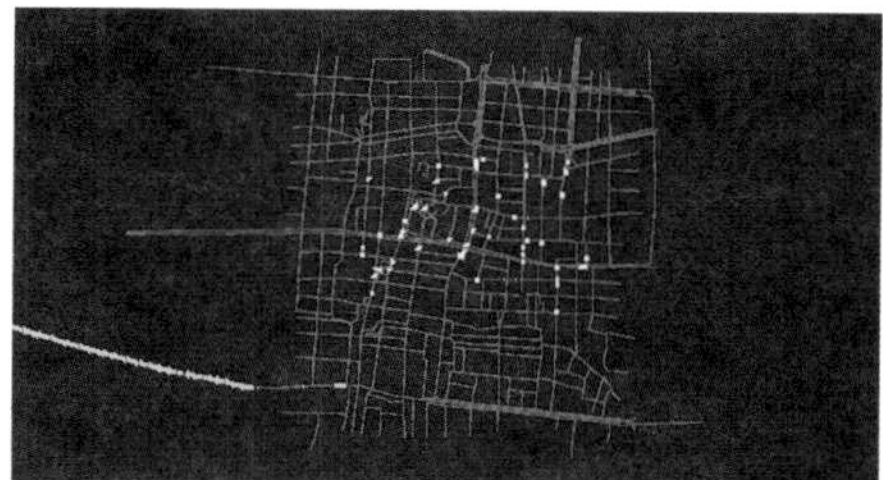

黄色の騎馬武者隊が城外に出てから歩兵の第1陣が街道へ向かっていく

歩兵は30分ごとに出発

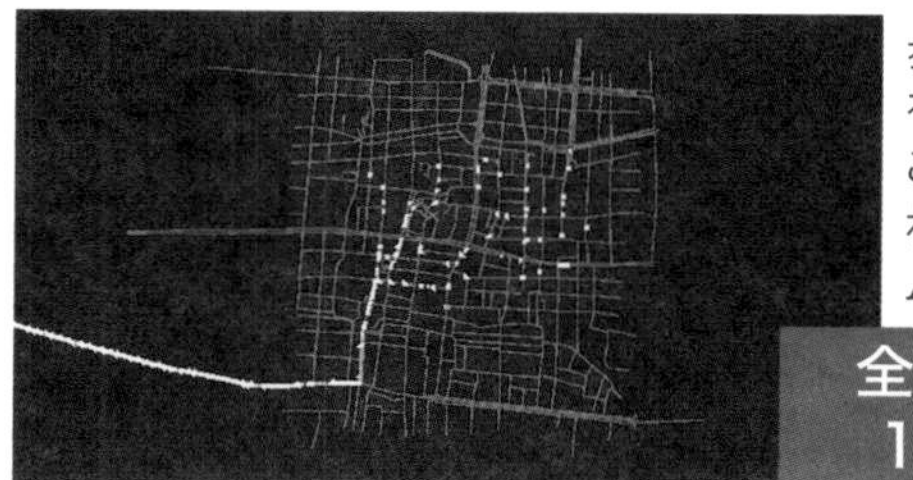

歩兵の出発の間隔を30分ごとにすることで渋滞が緩和され、次の部隊がスムーズに出発できる

実験Ⅱ

歩兵の走るスピードを検証

秀吉は賤ヶ岳の戦いに間に合わせるために、どのように歩兵（足軽）を移動させたのか。いよいよ実験が始まる。さて、その前に、大きな問題があった。木之本までの52kmを最後まで走り切るには、どれくらいのペースで走ればいいのか。

人が歩くスピードはおよそ時速4km。これだと木之本まで13時間かかってしまい、賤ヶ岳の戦いに間に合わない。一方、マラソン選手のスピードなら時速13〜15kmで、木之本まで約4時間で到着するが、当時の足軽たちはアスリートではないので、これは無理。このペースでは途中で走れなくなる。

歩兵の適正スピードを東京大学で測定

足軽たちが52kmを完走できる最適のスピードとは？

大歴史チャレンジャー火災報知器の2人が訪ねたのは東京大学教授（運動生理学）の八田秀雄さんだ。八田さんは教えてくれた。

「われわれには、人それぞれあまり疲れないで走ることのできるスピードがあります。そのスピードであれば、マラソンや52kmも何とか走り切れるのです」

そのスピードを測ってみよう。火災報知器の小林知之君にランニングマシーンで3分ごとに速度を上げて走ってもらう。そして、その時の血液中の乳酸値を測定する。乳酸値は疲労の目安となる物質だ。

結果はグラフの通り。時速9・6kmのペースまでは乳酸値はそれほど上がらない。しかし、時速10・8kmを超えると急に乳酸が増え始める。つまり、この速度を超えると身体がすぐに疲れてしまう。目安は時速9・6km以下となる。

八田先生によると、より確実に52kmを走るには、時速8・4kmまでペースを落とした方がいいという。一般的な成人男性が疲れずに走れる速度もこのくらいまで。これなら、木之本まで6時間12分。戦いには十分間に合う計算だ。

しかし、実際には坂などの障害や休憩時間などを加えなければならない。いったいどれくらいの時間で到着できるのか。

実験シーン

走った時の乳酸値を計る

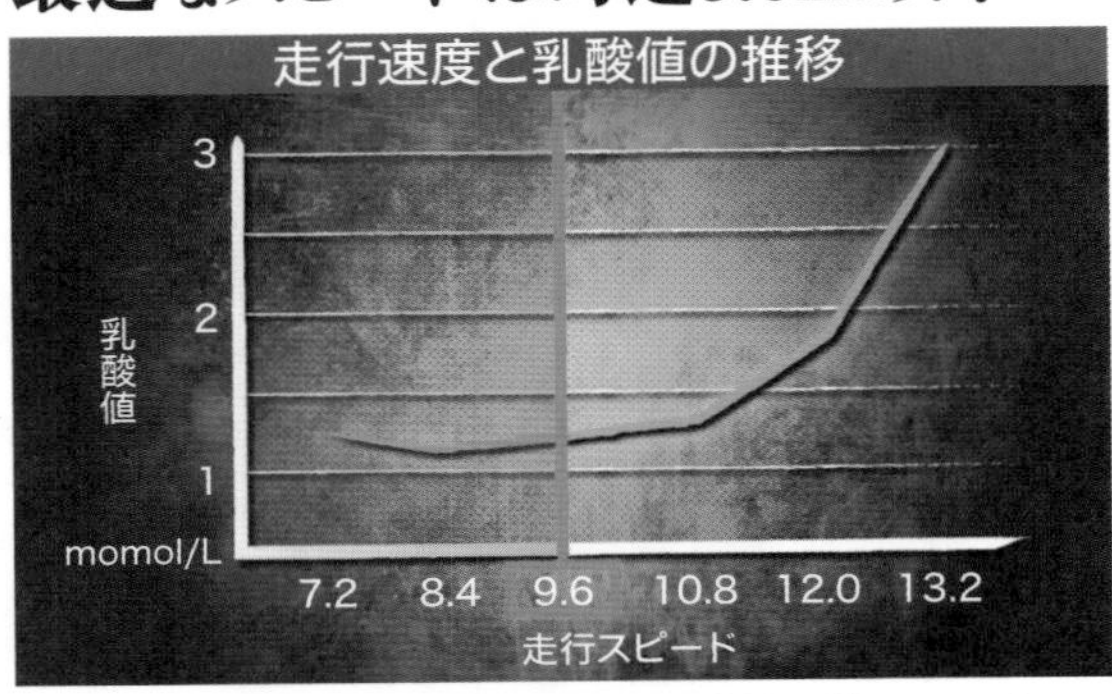

大歴史チャレンジャーの火災報知器、小林君が計測に挑戦

最適なスピードは時速9.6km以下

走行速度と乳酸値の推移

乳酸値 momol/L: 1 / 2 / 3

走行スピード: 7.2 / 8.4 / 9.6 / 10.8 / 12.0 / 13.2

時速10.8km以上になると急速に乳酸値は増えていく

実験協力者

スポーツ科学研究者、東京大学教授（運動生理学）の八田秀雄さん

実験Ⅲ

美濃大返しルート52kmを走る！

今回、足軽として実験に挑戦してくれるのは、岐阜県垂井町の市民ランナーのみなさん。

垂井町役場勤務の西脇巧さん、相崎圭史さん、江崎達也さん。そして介護施設勤務の橋本英樹さん。そして大歴史チャレンジャーの小林君（火災報知器）だ。

当時の足軽は寄せ集め集団。体力もバラバラというわけで、走りの実力もバラバラの人たちに集まっていただいた。西脇さんは32歳、フルマラソン完走10回以上の実力者。相崎さんもフルマラソン完走6回の31歳。同じ年齢の橋本さんはフルマラソン完走2回。一方、33歳の江崎さはフルマラソンの経験なし。そして、小林君はフルマラソン完走1回の38歳だ。（2019年放送当時）

この5人が走るペースは時速8・5km。このペースで走れば、戦いに間に合うことができる。

走るコースは秀吉が美濃大返しで行軍した当時のルートを忠実にたどっていく。

黒鍬（くろくわ）隊で橋を架けながら進軍したのか

午前8時、さあ、大垣城からスタートだ。先頭は西脇さん。彼がペースを確かめながら走る。

大垣城を出て2・6km地点。ここには杭瀬川があり、曲がりくねった道で、何千もの足軽が渡るには難所のようにも思える。

実際に、古市先生のシミュレーションでも渋滞を引き起こしている。これに対して先生は指摘する。

「もし、仮設の橋を秀吉が作ったとすれば、一気に渋滞は解決したかもしれません」

仮説の橋を架けてシミュレーションしてみると、みるみる渋滞は解消していく。確かにその通りだ。

ランナーの足軽5人衆

左から小林知之君、橋本英樹さん、西脇巧さん、相崎圭史さん、江崎達也さん

大垣城をスタート

スタート地点

先頭はマラソン歴が最も長い実力者の西脇さん。彼がペースをつくる

土木作業の黒鍬隊

久松宗作『続保定記』（酒田市立光丘文庫 蔵）

秀吉が仮設した橋!?

曲がりくねった道では渋滞に。もし、秀吉が道にまっすぐの橋を架ければ、渋滞は解消だ

秀吉は、土木工事を担当する黒鍬隊という部隊を持っていた。橋を仮設したかもしれない。

大垣城から11・3㎞。岐阜県垂井町の長浜屋、ここで水と食料を補給する。足軽5人衆が到着した。タイムは1時間18分。予定通りだ。

握り飯を大量に用意した秀吉

秀吉には美濃大返しでもう一つ秘策があった。大量の握り飯を補給したのだ。『川角太閤記』によれば、美濃大返しのさい、豊かな農民に握り飯を提供させた。

人は長距離を走ると、エネルギーになる体内の糖分を大量に消費する。減りすぎると動けなくなってしまうため、適度な補給は欠かせない。

秀吉が用意した握り飯は、長距離を走るための糖分補給だったのか。

実験では、秀吉の命令に従い、補給所に握り飯を用意。どんな効果があるのか、検証をする。

大垣城を出陣して1時間50分、岐阜県関ケ原に到着。目指す木之本まで38㎞。このあたりは山に向かって緩やかな坂が続く。フルマラソン初心者の江崎さんには辛そうだ。

やっと寺林という集落に着いた。ここが2回目の休憩場所だ。ここにも秀吉公からの握り飯が届いている。

秀吉の握り飯の効果を調べるため、看護師が血糖値を測定。その結果は。

小林君を除く4人の血糖値は落ちている。4人とも休憩所では握り飯を食べ、しっかり糖分を補給しているのだが、効果はないのか。10分休憩して、また出発。

大垣城を出て3時間。足軽5人衆は23㎞地点まで来ている。賤ヶ岳の戦いまでは7時間。

足軽5人衆は伊吹山の麓にかかった。標高300mの地点。今回のコースで最も高い。みんな、苦しそうだ。あっ、小林君が歩き出した。とうとうひとり目のリタイアが出た。

そして、26㎞地点。今度は橋本さんがリタイアした。中間地点付近で2人がリタイアしてしまった。

大垣城を出て3時間40分。滋賀県米原市の春照(すいじょう)に入った。スタートから28㎞地点。現在のペースは時速9・2㎞。目標のペースを上回っている。次の補給所に到着。場所は春照八幡神社。

ここにも秀吉公の握り飯が届いている。15分の休憩の後、出発。

大垣城から30㎞。依然としてペー

第一の補給所、長浜屋

長浜屋（岐阜県不破郡垂井町）

秀吉提供の握り飯

補給所では必ず握り飯が提供される

スポーツトレーナーも帯同

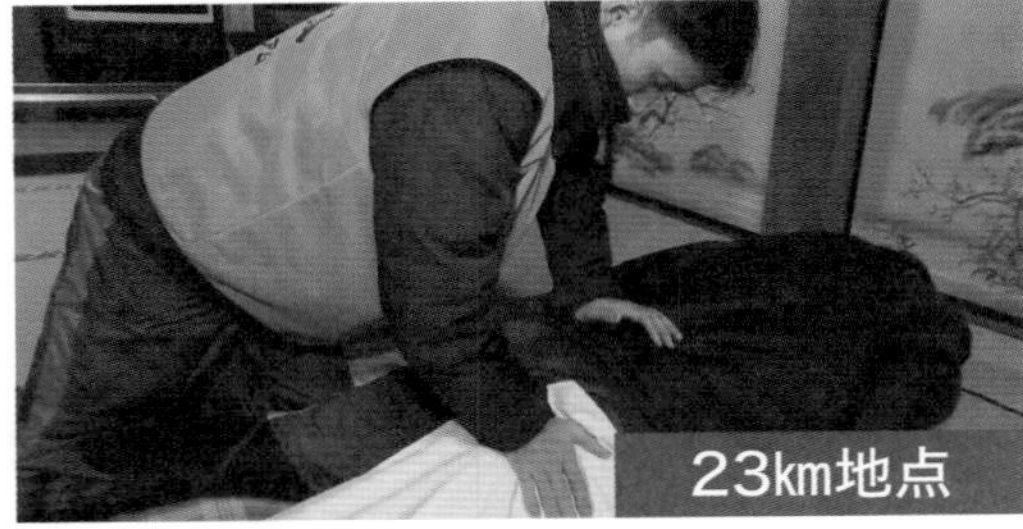

ケア担当のスポーツトレーナー阿曽孝明さん

血糖値をチェック

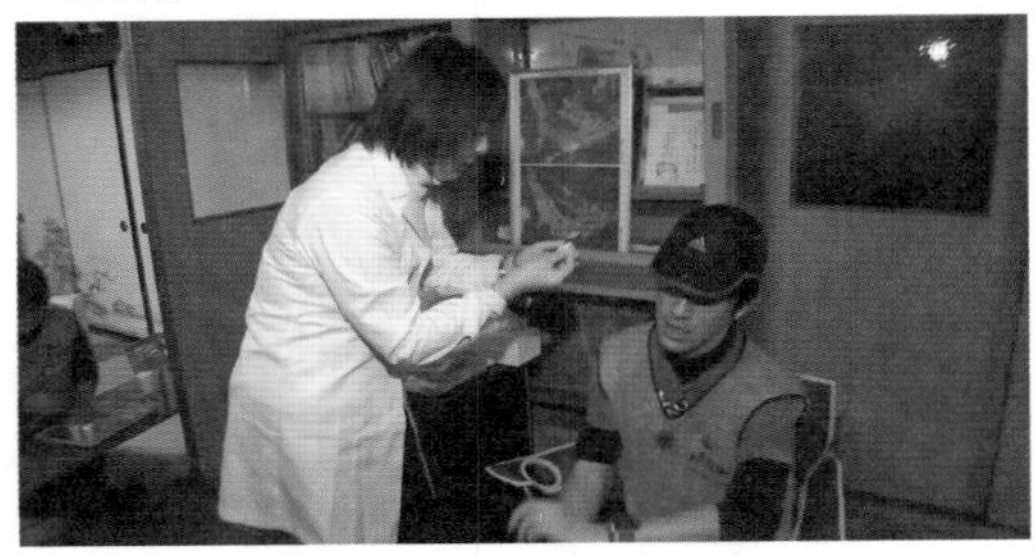

補給所で血糖値をチェック。看護師の山口真弓さん

4人の血糖値が下がった

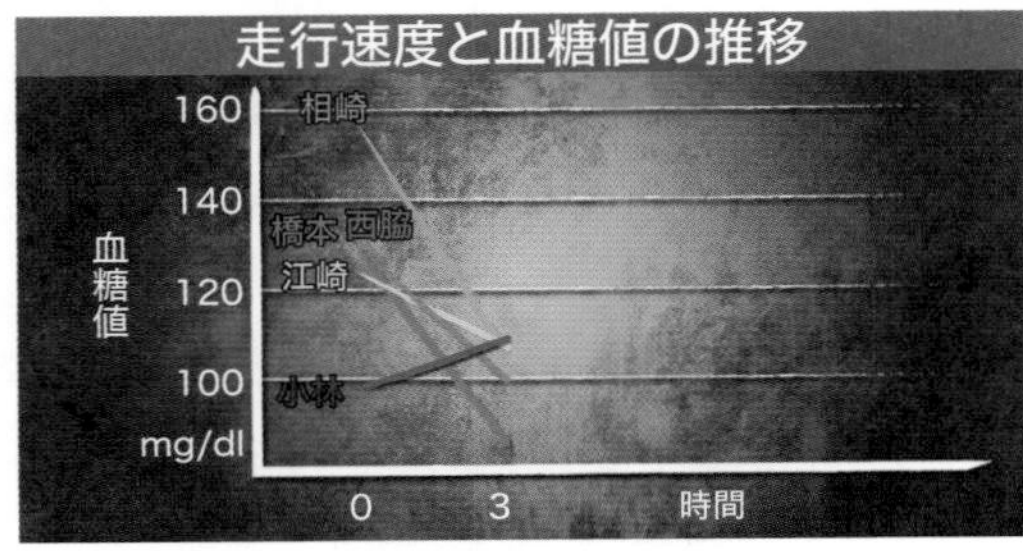

小林君以外の4人の血糖値が下がってしまった

風雲！大歴史実験6

豊臣秀吉　驚異の大返し

スは時速9・1kmと快調だ。戦いまで残り時間は6時間。

そして、山道。2人並ぶのがやっとの非常に狭い道。ここで雨脚が強くなってきた。道はぬかるみ。足場が悪い山道が続く。ペースは時速7・4kmまで落ちた。

声援に士気が上がる 足軽3人衆

山道を超えると、西脇さんたちの同僚の市川さんが応援に駆け付けてきた。数十mを走りながら、声をかけてくれる。「あと何キロ?」「18キロ」と足軽が答える。「もうすぐやね」と市川さん

その声を聞きながら、足軽たちは「めっちゃ、士気が上がった」と声をかける。「こりゃ完走ですね」と西脇さんも返事をする。

このあたりはかつて秀吉が治めていた地域。足軽たちを見て、応援した人たちもいたのかもしれない。

長浜市に入った。ここからは田園地帯を走る。大垣城から42km。ひばり山交流会館で最後の補給に入る。ここまで走った時間は6時間。

ここで再び、足軽たちの血糖値を測定。すると、西脇さんと江崎さんは血糖値が上昇。相崎さんもそれほど血糖値が下がっていない。これは握り飯の効果なのか。

木之本まであと7km。続いて長浜市の集落、馬上（まけ）だ。走る足軽たちのすぐ横を美しい水が流れる。

いよいよ最後の関門、高時川。もうすぐ、木之本の宿が見えてくる。

しかし、疲労は蓄積していく。マラソン初心者の江崎さんが苦し

春照八幡神社が第3の補給所

春照八幡神社（滋賀県米原市春照）

足元の悪い山道

足元の悪い山道もしっかりした足取りで進む西脇さん

応援に駆け付けた同僚

岐阜県垂井町役場の同僚の市川さんが応援に駆け付けた

column

船で荷を運んだ秀吉

秀吉には歩兵の移動にも意表を突いた秘策があった。秀吉に仕えた武将、加藤清正が若い時に美濃大返しに参加し、走った記録が『清正記』に残っている。

「（加藤清正は）大垣から三里過ぎたところで馬が走れなくなったので、具足を脱いで白羽織となり、徒歩の家人らに混じって賤ケ岳に急行した」

加藤清正は、具足を脱ぎ、衣類を脱ぎ捨てて裸同然で走ったという。同じように多くの兵が武器や甲冑を捨て、身軽になって移動したとされる。

では、武器や甲冑、食料などはどうしたのか。秀吉はそれらを長浜で新しく用意させ、船で木之本まで運ばせたという。

高速移動のため、兵員と物資を別々に目的地に集める、秀吉一流の発想だ。

木之本
琵琶湖
長浜

武器や荷物を馬でなく船で運んだ秀吉

みの声を上げる。それを聞いた西脇さんが「がんばろうよ」と励ます。

ゴール地点は、木之本の「みちくさ」というお店。通りのつきあたりから3人の姿が見えた。ゴールで待つ人たちから歓声が上がる。

足軽3人衆ゴール。タイムは7時間26分（信号待ちや採血の時間を除いた時間）。賤ヶ岳での決戦まで残り2時間半。休憩をとって、戦をするには十分な時間だ。

ここで腹ごしらえ。当時の秀吉軍も食事をとったと伝えられている。そして、最後の血糖値を測定。秀吉の握り飯の効果とは。

握り飯は走ることより その後の戦いのためだった

今回の実験で測定した血糖値のデータを東京大学の八田さんに分析してもらった。血糖値の推移を見ると、完走した3人には同じような傾向があった。

大垣城を出て、最初の3時間ほどで、大きく血糖値が下がっていた。その後は下げ止まってキープ。そして、ゴールをして食事をとると一気に血糖値が上昇した。スタートして10時間後、戦いが始まるころには、完全に回復している。

八田さんは血糖値の変化が少ない時間帯に注目した。

「一度糖が減ると、元に戻すには1日から2日かかります。動けないし、とても戦うどころではありません。だから、おにぎりをとることで（血糖値が）下がることを抑えたのです。ここ（補給所）で食べておけば、ゴールしてすぐの戦いに非常にプラスになります」

つまり、握り飯は走るためというより、到着後、戦う時に力を出させるためのものだったのだ。

1583年（天正11年）4月21日午前2時。賤ヶ岳での決戦が始まった。大垣城からの大返しに気づき、退却を始めた柴田軍を秀吉軍が追撃。天下分け目の戦いが決したのは、その日の午後だった。

3日後、柴田勝家は福井県北ノ庄で自害。柴田と同盟関係にあった織田信孝は岐阜城で降伏。秀吉は天下人の座を手に入れた。ゲストの鶴見辰吾さんは最後にこう締めくくった。

「大返しとは、まさにシステムの大返し。時代の大返しといえるほど流れが変わったと思います。単なる戦の大返しではありませんね」

血糖値は下げ止まった

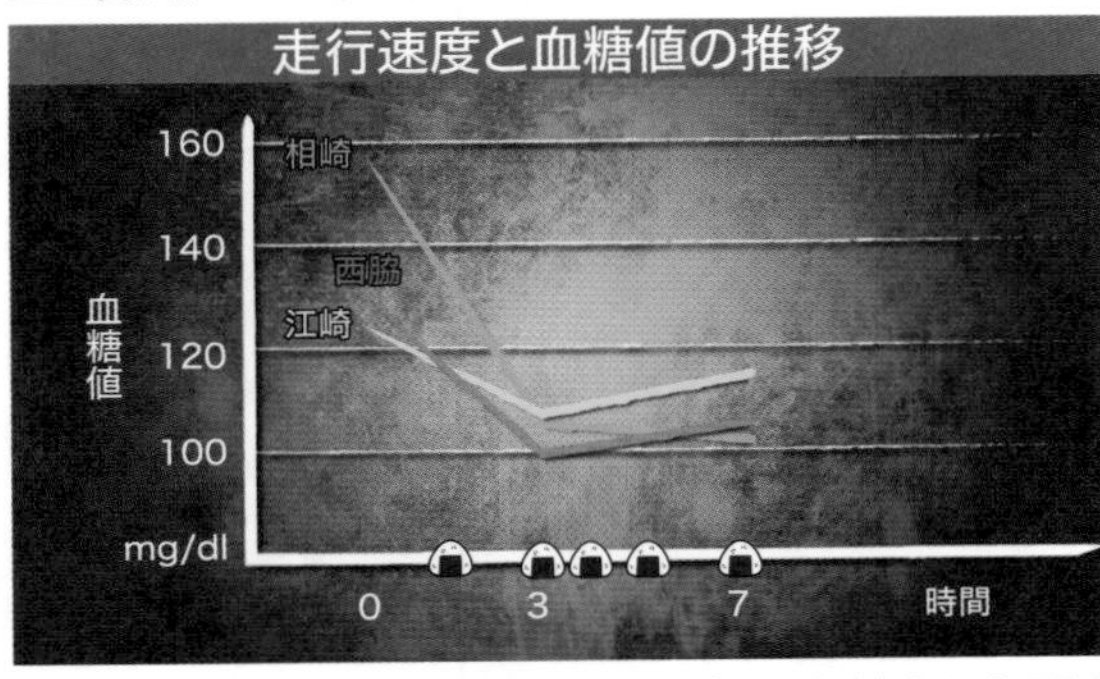

西脇さん、江崎さんの血糖値は上がり、相崎さんも下げ止まった

木之本にゴール!

52㎞を走り終えた3人。ゴール地点の木之本の「みちくさ」に手を挙げて飛び込んだ

血糖値が急上昇

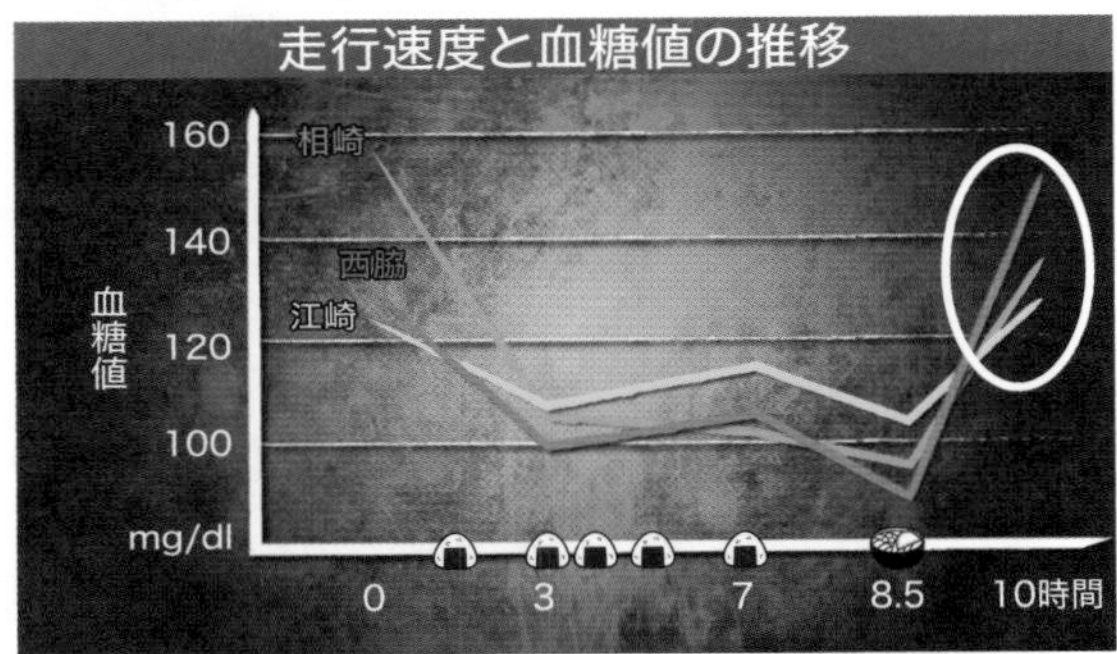

3人の血糖値が到着後の食事で一気に急上昇した

戦争はもともと、武士つまり戦う技能を持った者同士の戦いでした。ところが秀吉の時代になると、そうではない足軽などが中心になり、彼らを大量動員して自在に動かすことが、戦いを左右するようになります。大返しにはその技術が濃縮されていて、秀吉が天下人になれた理由がわかります。

本郷和人
（東京大学教授 日本中世史）

第四章

江戸時代

風雲！大歴史実験

一、大坂冬の陣
真田丸　徳川撃退の秘密
（2016年10月28日放送）

二、大坂城の巨大石垣を築け
豊臣・徳川　天下統一の秘密
（2015年4月25日放送）

第四章 江戸時代

家康を天下人にした関ヶ原の戦い

家康の圧勝であった関ヶ原だが、実は薄氷を履む戦いだった。

豊臣秀吉が亡くなった後、天下をとったのは徳川家康だった。若き日の家康は今川義元の下で人質として暮らし、その後、義元が桶狭間で織田信長に敗れると、信長と同盟を結んで戦国の世を生きのびた。

本能寺の変で信長が殺されると、秀吉と一時対立し、小牧・長久手で戦うが、その後、秀吉との関係を修復して豊臣政権のナンバー2になっている。

秀吉が死んで天下を目指した家康

秀吉が亡くなると、豊臣政権を支える大名たちが分裂。家康の存在感が増していく。家康も天下人への野心を見せるようになっていく。そして、関ヶ原の戦いである。家康が率いる東軍の兵力は約7万5千。一方、石田三成が主導する西軍

関ヶ原合戦図屏風（左隻）

1854年（嘉永7年）、狩野梅春の原本を模写したもの（写真/アフロ）

は約8万。兵力差はそれほどでもないが、あっという間に戦いは終わった。小早川秀秋などの裏切りにより、東軍の一方的勝利だった。

しかし、家康にとっては薄氷を履む思いの戦いであった。もともと家康は西軍がここまでの大軍になるとは思っていなかった。せいぜい大谷吉継と石田三成を合わせた程度の軍と思っていた。

あわてた家康は、三成の挙兵の報を聞くと、会津の上杉征伐をやめて江戸に戻り、1カ月近くとどまって各大名に書状を送り続けた。味方につく大名を少しでも多く増やすためだ。その数は120通にもなったという。

さらに、3万以上の兵を率いて東山道を行った徳川秀忠の軍が、真田昌幸の上田城で足止めを食らい、関ヶ原に到着していなかった。

そして、関ヶ原の本戦である。もし、小早川秀秋たちの寝返りがなかったら、家康の東軍は、西軍に包囲され壊滅する可能性があった。

家康としては、やっと勝った関ヶ原であったが、その勝利が彼を天下人にし、戦乱の世の終わりを告げる戦いになったのだ。

風雲!大歴史実験

実験でわかった7

大坂冬の陣

真田丸 徳川撃退の秘密

真田信繁の知略の全貌が明らかに

大坂冬の陣で徳川軍を散々翻弄した真田丸。信繁が造った真田丸の秘策を徹底解明。

いくら大軍で押し寄せようとも真田丸があれば大坂城は落ちません。

真田信繁

イラスト／小宮國春

大軍に勝つ戦略を解明

関ヶ原の戦いに勝利し、事実上の天下人になった徳川家康が、豊臣家を攻め滅ぼした大坂の陣。真田信繁はこの戦いで、厳しい状況に追い詰められた豊臣方につき、大坂城を守るために、真田丸という出城を築いた。

大坂城は東西と北に川が流れる天然の要塞。しかし、平地が広がる南だけは弱点だった。真田丸はその南に築かれた。徳川軍は20万の軍勢で城を包囲。主力軍が激突した大坂城の南方で、最大の攻防戦になったのは真田丸だった。真田丸を守った信繁の軍勢はわずか3千。

大軍を撃破した真田丸の仕掛けとは何か

一方、家康軍は1万5千。この圧倒的不利の状況で、信繁は真田丸を舞台に徳川の大軍を撃退したのだ。戦国の知将として知られる真田信繁。彼の真田丸にはどんな秘策があったのか。

近年、様々な調査や研究が進み、真田丸の謎が明らかになりつつある。これまで真田丸は大坂城を守るために即席で造った大きな砦ぐらいに思われていた。しかし、2016年7月に発見された史料によれば、真田丸は大坂城の砦というよりも、一つの巨大な出城だったのだ。

そこで、歴史の大実験。真田丸と同じ大きさの堀と塀を、廃校になった校舎を使って再現。

圧倒的兵力の差と、火縄銃の弱点を逆手にとった、恐るべき信繁の戦術が明らかに。さらに、真田ゆかりの松代城跡で、真田丸の最大の弱点、門をめぐる攻防を実験。大軍を混乱に陥れる巧みな仕掛けと驚きの心理戦を大解剖した。

まさか、ここまでやられるとは、真田信繁、恐るべきやつ……。

徳川家康

イラスト／小宮國春

合戦データ（冬の陣）

日付	1614年11月
戦場	摂津国東成郡生玉荘大坂 大坂城（現・大阪府大阪市中央区）
豊臣軍	約9万（真田丸3千）
徳川軍	約20万（家康軍1万5千）

実験Ⅰ 堀の守備力を検証

これが真田丸の全景だ！

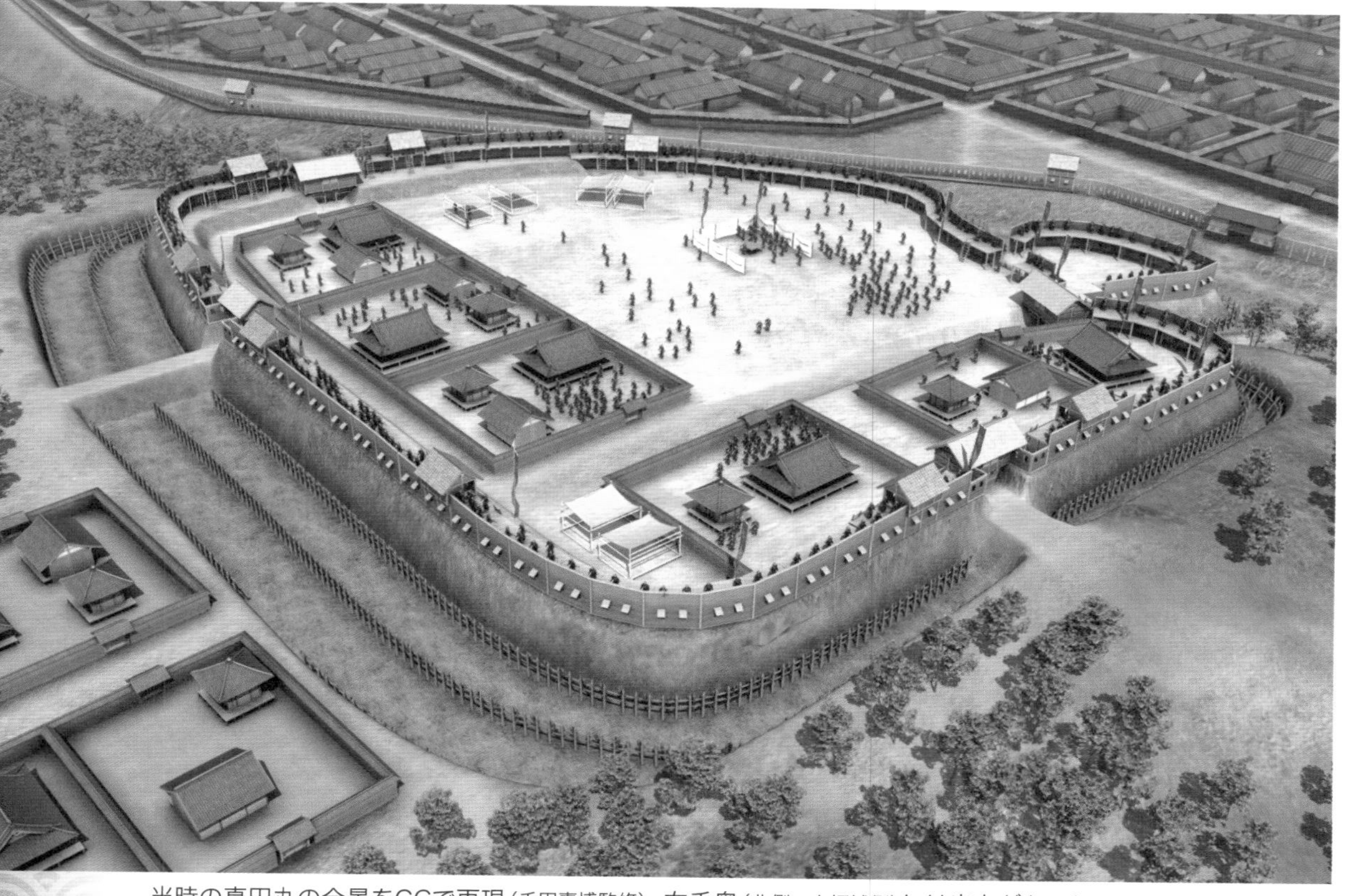

当時の真田丸の全景をCGで再現（千田嘉博監修）。右手奥（北側＝大坂城側）には出丸があった

様々な仕掛けがある堀

堀の深さは10m。塀を加えると高さ約15m

最新の研究によれば、真田丸の大きさは東西220m、南北230m。城といっても天守はなく、戦うためだけに使うシンプルなもの。しかし、そこには攻撃に備えて、二つの大きな仕掛けがあった。

一つは真田丸を取り囲むように造られた巨大な堀。そして、張り巡らされた高い塀。堀の深さは10m。塀も加えると高さ15mに及ぶ。

そこで、歴史の大実験。実験の舞台は、埼玉県東秩父村にある小

実験データ

徳川軍50人

芝浦工業大学と埼玉工業大学のサバイバルゲームサークルのみなさん、その他有志のみなさん

真田軍10人

サバイバルゲーム愛好グループのガンスモークブラザーズのみなさん

実験場所

埼玉県東秩父村にある、廃校になった小学校に真田丸の堀を再現

学校。廃校になっている小学校を特別にお借りし、堀と塀を設置して、真田丸を現代によみがえらせた。

大坂冬の陣では、真田丸から出て徳川軍を挑発。敵の反撃が始まるとすぐさま引き揚げ、堀に押し寄せる大軍を火縄銃で迎え撃った。

まずは、押し寄せる大軍に対する真田丸の防御力を確かめる実験だ。

真田丸の堀は深さ10m、幅40m。そして、空堀には敵の侵入を阻む様々な工夫が施されていた。

実験は、校庭を堀に見立て、堀の底に下りた徳川軍が、真田丸に攻め寄せる設定だ。それを、真田の鉄砲隊が迎え撃つ。校舎までの距離は真田丸の堀に合わせて40m。

堀の底には、大軍を食い止めるための様々な障害物があった。

まずは、不規則に撃ち込まれた乱杭とまきびし。うっかり踏みつければ、大けがをする。今回の実験では、乱杭とまきびしの代わりにペットボトルで対応。ペットボトルを倒せば乱杭かまきびしを踏んだということで、戦線離脱になる。

乱杭とまきびしを突破されても、真田丸から20m地点には高い柵が待ち構えていた。それを乗り越えようとすると、真田の鉄砲隊が狙い撃ちにする。20mは当時の火縄銃の完全な有効射程圏内。実験では、柵は工事現場などで使う足場で代用。

そして、この柵を突破できても、すぐに逆茂木がある。逆茂木とは、木の先端や枝を削ってとがらせ、敵の来る方へ向けておくという単純な障害物。だが、前進するには木を乗り越えなければならない。

今回、逆茂木は交互に並べたパイロンとタイヤ。積まれたタイヤをパイロンに移動させなければ前に進むことができない。

そして、最後の防御装置が堀の底を格子状に掘った障子堀。実験ではトラックを使う。徳川軍は障子堀を越えるように、そのトラックの荷台を越えなければならない。

真田軍の武器である火縄銃には大きな制約が

真田軍の武器は火縄銃だ。しかし、当時の火縄銃には様々な制約があった。その一つが射程。当時、ほとんどの火縄銃は100mが最大射程。

信繁は堀の幅を40mにした。40mあれば、徳川軍の火縄銃の弾が、塀の内側にいる真田の兵に対して塀を貫通して命中させることはほとんどないが、真田軍が徳川軍を狙うには十分だ。

さらに、火縄銃にはもう一つ制約があった。弾を装填するまでの時間が20秒程かかることだ。信繁は、そのタイムラグをどう克服したのか、実験で検証する

今回の実験で真田の鉄砲隊として参加してくれるのはサバイバルゲーム愛好家のみなさん10人。火縄銃の代わりに使うのはトイガン。火鉄砲隊が陣取るのは堀に面した

真田軍が造った障害物

障害物は4段階

手前から乱杭・まきびし、柵、逆茂木、障子堀

障害物1 乱杭とまきびし

乱杭は先端を上にした杭。まきびしとは先端がとがった三角錐の植物の実

障害物2 柵

柵は乗り越える必要があるが、実験では工事現場の足場を代用

障害物3 逆茂木

逆茂木は先端をとがらせた枝や木のこと。乗り越えないと進めない

障害物4 障子堀

段々になっている堀底。ここを越えなければならない。実験ではトラックで代用

実験シーン

ペットボトルの乱杭

逆茂木エリアで撃たれる徳川軍

狙いすます真田軍

障子堀を越えて堀を渡りきる

※許可を得て安全に配慮して実験

塀の裏。狙い撃つ場所は鉄砲狭間の後ろから。鉄砲狭間は縦横15cmしかないから視野は狭い。トイガンを撃てる間隔は火縄銃と同じように20秒。

一方、徳川軍は大学のサバイバルゲームサークルや地元有志のみなさん50人。実際の戦い同様、真田軍の5倍の戦力だ。

彼らには黒の甲冑をつけてもらい、さらに戦国時代と同じにするために5kgの重りを背負ってもらう。武器は槍。火縄銃は走りながら撃つことができないから使わない。

真田丸までの距離は40m。10人の真田軍は、徳川軍を何人阻止できるのか、実験スタート。

徳川軍、まずは乱杭、まきびしエリアに突入。おっと、何人かがペットボトルを倒してしまった。しかし、ここを越えた者も相当いる。

続いて、徳川軍、高い柵をよじ登る。ここが真田丸から20m。真田軍の鉄砲が一斉に火を噴いた。しかし後が続かない。次の発射まで20秒待たなければならない。

その間、徳川軍は次々と柵をよじ登り突破し、逆茂木ならぬパイロンエリアで障害物を移動させている。

そして、やっと真田の鉄砲隊は弾を撃つことができるようになった。一斉射撃だ。次々と倒れる徳川軍。

最後の障害物は障子堀ならぬトラック。その前には多くの徳川軍の兵が倒れている。

生き残った兵はトラックの陰に隠れてなかなか出てこない。真田軍も敵の姿が見えないため、撃つことができない。

50人中19人も堀を突破した

ここで徳川軍が一気に動いた。

「射角がとれない！」

真田の鉄砲隊が叫んだ。鉄砲狭間が狭く、視野に限界があるのか、狙い撃ちができない。徳川軍の兵士は次々と関門を越え、堀を突破した。実験終了。真田軍が倒した数は50人中31人。撃ち漏らしたのは19人。徳川軍1万5千のうち、5700人も堀を渡りきった計算になる。

実験Ⅱ

塀の攻撃力を検証

最初の実験では、徳川軍に堀の突破を許してしまった。

　しかし、徳川軍を防ぐ信繁の仕掛けは、堀の障害物だけではなかった。その仕掛けを見てみよう。

　真田丸に築かれた塀を見てほしい。まず、気づくのは鉄砲狭間と呼ばれる無数の穴。

　城の中から鉄砲を撃つ穴なのだが、隣の穴との間隔は、ふつう1m程度のものが多い。しかし、真田丸の鉄砲狭間の間隔は30㎝だったという記録がある。

なぜ、信繁は鉄砲狭間の間隔を狭め、その数を3倍にもしたのか。

2階建てだった真田丸の塀 その理由とは？

　さらに、真田丸の塀は2階建てになっていた。これも、他の城にはあまり見られない特徴だ。そして、2階には鉄砲を構える人の後ろを通る武者走りという空間があったという。この目的は何だったのか。

　次の実験は、先ほどと同じ埼玉県東秩父村にある廃校となった小学校。そこに2階建ての塀を造り、各階に真田の鉄砲隊を5人ずつ配置した。

　1階には多くの鉄砲狭間。その間隔は30㎝。塀の2階にあたる屋上には、木の台をおいて、武者走りを再現した。

　この多くの鉄砲狭間と武者走りは、真田軍にどんな力をもたらすのか。実験スタート。

　徳川軍はわれ先にと突撃する。乱杭、まきびしエリアは難なく突破。次々に柵をよじ登り始めていく。一方の真田軍、まだ撃たない。2階では鉄砲隊が武者走りを自由に移動しながら、狙いを定めている。

　撃った！　徳川軍、次々と撃たれてしまう。武者走り、恐るべし。

　そして、1階でも狙いやすい鉄砲狭間から狙い撃ち。鉄砲隊同士、声を掛け合いながら、敵の位置に合わせて場所を移動する。

　真田軍の攻撃に徳川軍は次々と倒れている。パイロンのある逆茂木エリアだけで12人が撃退された。

真田丸の塀の仕掛け

無数に空いた鉄砲狭間

通常の城の鉄砲狭間の間隔は1m程度。しかし、真田丸は30㎝しかなかった

2階建てで、武者走りも

塀は2階建てになっており、移動できるよう武者走りがあった

実験場の塀に追加した仕掛け

2階には武者走り

多くなった鉄砲狭間

2階建てに変更

障子堀ならぬトラックの陰に隠れた徳川軍も撃たれてしまう。2階からの攻撃で隠れることができない。

50人中42人撃破 残ったのは8人のみ

ついに実験終了、結果はいかに。真田軍に倒された徳川軍は50人中42人。撃ち漏らしたのは8人のみとなった。実験が終わって、真田軍の兵士がこう語る。

「死角が減るというのはかなり有利だと思います。最初に比べて、移動できることで、（当たる）確率も上がりました」

他の真田軍の兵士も。

「鉄砲隊が、（敵が）迫ってきている人のところまで走っていって、声を掛け合うことで、発射可能な人が撃つということができました」

真田信繁は武者走りや多くの鉄砲狭間を造った。そして、移動の自由を生み出し、最も狙いやすいところで撃つことができるようにした。これで火縄銃の効果を高め、圧倒的な数の優位を覆したのだ。

さらに、信繁は、塀を2階建てにして、上下2段から狙うことで、死角をより減らすことに成功している。これによって、さらに鉄砲の威力を倍増させたのだ。

信繁は知略を尽くして真田丸に様々な仕掛けを造った。真田丸は守りの城に見せかけた攻撃の城だったのだ。

この映像を見たゲストの総合格闘家、須藤元気さんは、こうコメントした。

「信繁は、まず負けないことを考えていたと思います。防御をしっかりしてから攻撃をしている。いかに自らの兵力を減らさずに攻撃するかを考えていたと思いますね」

信繁は、徳川の軍勢が来たら、どの地点で撃つのか。どの段階で反撃するのか、という指示を非常に単純化してわかりやすくしています。急に集めた兵士でも攻撃が非常にスムーズにできたと思います。

千田嘉博（奈良大学教授 城郭考古学）

実験シーン

突撃する徳川軍

↓

真田軍、武者走りを移動

↓

2階から隠れた敵を撃つ

↓

次々に撃たれる徳川軍

50人中42人撃破

実験Ⅲ

門の仕掛けを検証

枡形で敵を撃退！真田信繁の城の門

第一の門を突破した徳川軍を待ち構える真田の鉄砲隊。正面と左右から徳川軍を攻撃する

攻撃の城、真田丸。そんな真田丸にも弱点があった。それが、城の出入り口である門だ。城門には敵に侵入されやすいという弱点がある。

しかし、その門にも信繁の仕掛けがあった。

信繁の兄、真田信之が居城にした長野県長野市にある松代城。その城跡には、真田丸にもあったと思われる特徴的な門が復元されている。北不明門（きたあかずもん）。この門は枡形（ますがた）と呼ばれる仕掛けが施してある。

北不明門を上空から見ると、門は２つある。２つの門をつなぐ進路は90度に折れ曲がっている。

折れ曲がっている理由は、第一の門が破られて敵が侵入しても、第二の門の前で、正面や左右からの攻撃ができるようにするためだ。

では、この仕掛けにどれだけの効果があったのか。歴史の大実験。

ルール　門を10回つく

4人が持った丸太で10回門をつけば、徳川軍の勝利

実験データ

実験の参加者たち

真田軍は松代甲冑隊。徳川軍は松代高等学校、篠ノ井高等学校、長野南高等学校の生徒と有志のみなさん

実験会場　松代城

実験会場は長野県長野市 松代城の北不明門 ※許可を得て安全に配慮して実験

風雲！大歴史実験7

大坂冬の陣

今回の実験は、徳川軍が最初の門を破って、第二の門に向かうところからスタートする。

足軽たちは丸太を持って、二つ目の門に向かう。これで門をうち破るという想定だ。

そして、持っている丸太で10回、門をつくことができれば、徳川軍の勝利となる。

ただし、門をつくには必ず4人で丸太を持ち、5歩下がって行わなければならない。武器は槍だけだ。

一方、真田軍が火縄銃の代わりに使う武器がカラーボール。ただし、ボールを投げることができるのは20秒に1回。火縄銃に弾を込めるための時間だ。

銃弾ならぬボールが当たった足軽は戦闘不能に。その場に座り込んで、動くことはできない。

そして、丸太は4人でなければつけないので、一人倒れたら、代わりの者が丸太を持つことになる。

真田軍の鉄砲隊として参加するのは松代甲冑隊のみなさん。徳川軍は地元の高校生と有志のみなさん。

最初の実験は、真田軍10人に対し、徳川軍は3倍の30人で攻める。

真田10人対徳川30人の実験シーン

突撃する徳川軍。待ち構える真田軍

1回目の門をついた

持ち手に弾が当たった

徳川軍全滅

2分で全滅。ついた回数5回

※許可を得て安全に配慮して実験

真田軍10人対徳川軍30人 結果はいかに

実験スタート。丸太を持った4人が第二の門に向かう。真田の鉄砲隊も攻撃開始。丸太を持った一人に弾ならぬボールが当たった。しかし、すぐに交代して、1回、門をついた。しかし、その直後、またもや持ち手がやられた。

それでもなんとか、徳川軍は3回まで門をつくことに成功。しかし、真田軍は執拗に丸太を持つ兵士を狙う。徳川軍の兵士たちは槍を振り回すが、火縄銃には無力だ。

さらに、徳川軍は門を2回ついたが、門の前にはやられた兵士たちが累々と倒れている。とうとう、徳川軍は丸太を抱えることさえできなくなった。そして、開始から2分。徳川軍は全滅。徳川軍が門をついた回数は5回。3倍の兵力では門を突破することはできなかった。

徳川軍の兵士は話す。

「敵の攻撃が全然読めなかった。両側や前から攻撃されて、対応しきれないので、ちょっときつかったです」

一方、真田軍の兵士は語る。

「敵は（90度の角度では）曲がりきれないので止まりますね。そこを狙い撃ちできました」

さらに、真田軍はこんな工夫もしていた。

「20秒、ただ待っていてもしょうがないので、お互い10秒たったら撃つということで、交代で攻撃しました。投げない時間を極力少なくしました」

30人では打ち破れなかった門。では、もっと人数が多かったら徳川軍は勝てたのか。

続いての実験では、徳川軍を真田軍10人対して、5倍の50人に増やして門に突入する。

真田軍10人対徳川軍50人 徳川軍5倍の兵力

実験スタート。

押し寄せる徳川軍に真田軍が攻撃を開始。それでも、徳川軍1回目の門をついた。しかし、丸太を持った徳川軍の兵士は、あっという間に火縄銃の餌食になった。

次々に徳川の後続部隊が入ってくる。二つ目の門との間は兵士でいっぱいになってしまった。そこにボールが投げ込まれる。狙わなくても当たる。徳川軍はバタバタとやられる。大混乱だ。それでも、2回目をついた。

しかし、持ち手がやられて丸太が放置されてしまった。徳川軍の兵士たちは持ち手を守ろうとして、丸太の周りを囲む。しかし、彼らも真田軍の攻撃に次々にやられる。

真田軍は余裕の攻撃だ。門の前は倒れた兵士たちの山。倒れた兵で徳川軍は身動きがとれない。結局、3分で徳川軍全滅。門をつけたのは4回。30人の時より減ってしまった。

負けた徳川軍たちの敗戦の弁だ。

「味方が多すぎて」。「倒れた兵に引っかかって丸太まで行けなかった」。

一方、真田軍の勝利の言葉だ。

「棒立ちになっていた人が多くいたので、狙いやすかったですね」

徳川軍は狭い枡形に大人数が押し寄せた。そのためパニックになり、同じパターンでやられてしまった。大軍ゆえに、信繁の策にはまってしまったのだ。

真田10人対徳川50人の実験シーン

大量の兵士が突撃

投げれば当たる徳川軍

槍で防戦するが……

なすすべもなく……

3分で全滅。ついた回数4回

実験Ⅳ
石落としという戦術

真田丸の櫓は、２階がせり出していた。いわゆる「石落とし」だ。信繁は、このせり出した部分から石を落として、城壁の下まで攻め込んできた徳川軍を撃退しようと考えた。

敵兵が城壁の下まで来ると、火縄銃の死角に入る。その死角に入り込んだ敵兵めがけて上から石を落とすのが石落としだ。

宮城県白石市の白石城には、真田丸とそっくりな石落としがある。ここで石落としの威力を大実験。

上から石を落とすだけの究極の兵器

実験の協力者はサバイバルゲーム愛好家の２人。２人が狙うのは、徳川軍のマネキントリオ。まずは３体のうち、真ん中のマネキンを狙って、石垣を傷つけないよう樹脂でコーティングした特殊な石を中央から落とす。

投下……。しかし、樹脂製の石は石垣に当たりバウンド。あらぬ方向にいってしまった。続いて右端から。これも同じような結果。狙ったマネキンには当たらない。

石落としは一度に多数の石を落としたのかもしれない。たくさんの石を同時に落としてみよう。

まず、一回目の投下。多くの石はいたるところでバウンドし、四方八方へ。そのうち、一つがマネキンに当たった。多くの石が一気に落ちてくるのは、見ているだけでも恐怖を感じる。さらに、２回目。今回は３つのマネキンに当たり、３体とも倒れてしまった。

なぜ、信繁はこんな石落としを造ったのだろうか。実は、真田丸に籠城していたのは急ごしらえの寄せ集め兵士だった。能力もバラバラ。信繁は彼らを戦力にするため、誰でもできて強力な石落としを採用したのだ。石がなくなれば、木でもゴミでも落とせばいい。それは誰でもできる。石落としは最後の一兵まで戦い抜くための究極の兵器だったのだ。

石落としから糞尿を落としたという記録もあります。これは、城を攻める相手の心を折ります。徳川の大軍に真田軍の兵士は追い詰められていたかもしれません。しかし、信繁は守り方を単純にし、それで戦い抜けるのだと兵士を鼓舞したのです。

千田嘉博

実験場所
石落としのある白石城

白石城（宮城県白石市）の石落とし

実験！穴から多くの石を落とす

石を落とすのはサバイバルゲーム愛好家のお二人

恐るべし！石落とし

マネキンの3体は石に跳ね飛ばされてしまった……
※許可を得て安全に配慮して実験

風雲!大歴史実験

実験でわかった 8

日本史最大の謎の一つ、大坂城石垣

写真：西垣良次/アフロ

大坂城の巨大石垣を築け

豊臣・徳川　天下統一の秘密

大坂城石垣の謎に迫る

豊臣秀吉が造り、徳川が引き継いだ大坂城。その巨大な石垣はどう造られたのか？

いまから400年前、豊臣秀吉が築いた大坂城。大坂夏の陣で落城したが、天下統一のシンボルとして、徳川家が再建し引き継いだ。

天にそびえる天守閣、何よりも見る者を圧倒する巨大な石垣。現在残る石垣は徳川によって造り直されたもの。総延長12㎞。使われた石は70万個を超える。石垣の最大の石は108t。

誰が石を切り出しどうやって運んだのか

しかし、大坂城建設は日本史最大の謎の一つ。石垣に関する記録はほとんど残っていない。機械もない昔、誰が石を切り出し、どうやって運んだのか。そして、驚愕の事実、大阪から西へ100㎞。小豆島には当時切り出し、積み出

風雲！大歴史実験8　大坂城の巨大石垣を築け

そうとした石がそのまま残っているという。

天下人の城、大坂城はどのように造られたのか、謎の島、小豆島を舞台に行う大歴史実験だ。

石の名産地 小豆島

オリーブと醤油で知られる香川県小豆島。残された石は東の海岸にあった。浜にゴロゴロ転がる四角い大きな石。時が止まったかのように無造作に放置されたままだ。

小豆島町役場、山下光憲さんは石について説明する。

「本当は大坂まで、船に乗って旅立つ予定だったのですが、大坂城ができてしまって、もう使われなくなった、いわゆる残石とか、残念石とかいいます。黒田官兵衛の息子、長政が開いた丁場には、そこだけで、1600個ぐらいの残念石が残っています」

戦国時代、小豆島は御影石と呼ばれる良質な花崗岩の産地として有名であった。

この残念石には黒田長政や細川忠興ら全国各地の大名家の刻印が残っている。大坂城の築城に石を献上することは、天下人に忠誠を誓う意味があった。

小豆島で大坂城石垣 実験プロジェクト結成

現在も石材業は小豆島の主要産業の一つである。しかし、いまから400年前に、どうやって石を切り出し、海岸まで運び、船で積み出したのか、この小豆島でもほとんど史料がない。

だが、石を切り出したのは、この小豆島。ここにこそ、その手掛かりがあるはずだ。そこで、小豆島の石職人の方々に協力をお願いした。小豆島の北東にある福田地区、人口およそ800人。その多くは石に関わる仕事に携わってきたという。彼らを中心に、大坂城石垣実験プロジェクトを結成していただくことにした。

石垣について、建築史家の藤森照信氏は話す。

「大坂城は一大建築事業でした。大事業というのは時代を反映しています。その時代の文化もわかります。大坂城の石垣づくりを見ることで、その時代がわかるのです」

400年前に造られた石垣。その謎を検証することは、その時代を理解することだ。いよいよ歴史の大実験が始まる。

残念石に残る刻印

福岡藩主
黒田長政の刻印

小豆島福田地区

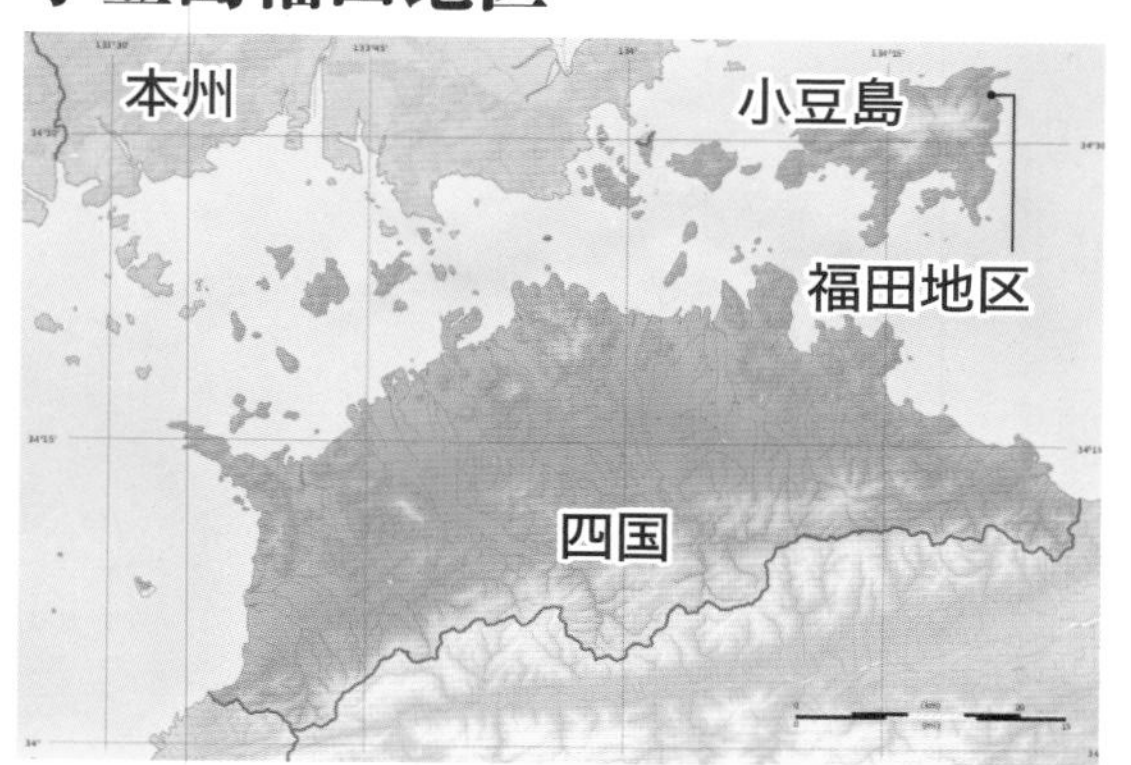

プロジェクトチーム

浜に転がる残念石

実験I

巨大な石を切り出す技を検証

大坂城の石垣の石は、どこから切り出されたのだろうか。福田地区の裏側に小さな神社がある。山の神様。石に関わる人々は、ここで安全を祈願し、誰もが手を合わせる。御神体は800tの巨石だ。

神社の裏側には、かつて石を切り出したという自然石が転がっている。ベテランの石職人が総出で切り出す石を探すことにした。実験リーダーの堀川忠司さんは、実験当時、71歳、職人歴60年。ただし、山に転がる自然石から石を切り出したことはない。

切り出しリーダー堀川さん

ベテランの石職人、堀川忠司さん（71歳）。職人歴60年
※年齢・職人歴は実験当時（2015年）

石目を読み、音を聞いて石を探す

まず、どんな石がいいのか、石の音を聞いて探す。堀川さんは玄能で石をたたく。音の高さで石の質がわかるという。音が高いのが硬い石で、丈夫な上に加工もしやすい。

そして、堀川さんの腕の見せ所は、石目を読む技。石目とは石の表面に浮かぶかすかな筋。石は目に沿って割れやすく、加工もしやすい。

石を探し回ること2時間。堀川さんのメガネにかなう石が見つかった。地面に沿って、石目が走る27tの巨石だ。ここから7tの石を切り出すのだ。

石は選んだが、どうやって切り出せばいいのか。機械を使わず27tの石を割った者はいない。しかし、堀川さんには作戦があった。そのヒントは運ばれなかった残念石。

そこには表面に掘られた四角い穴が並んであいている。堀川さんは子供のころ、父親が石に四角い穴を次々にあけ、そこに鉄矢を打ち込んでいたことを思い出した。

まずは、道具作りから始まる。

弟子の藤田精さん（当時46歳）とともに鉄矢を造る。弟子といっても職人歴24年のベテランだ。まるで、鍛冶屋のように鉄矢を打つ。

続いて、山から石を切り出すた

鉄矢を造る堀川さんと藤田さん

切り出すことに決めた27tの石。ここから7t分を切る

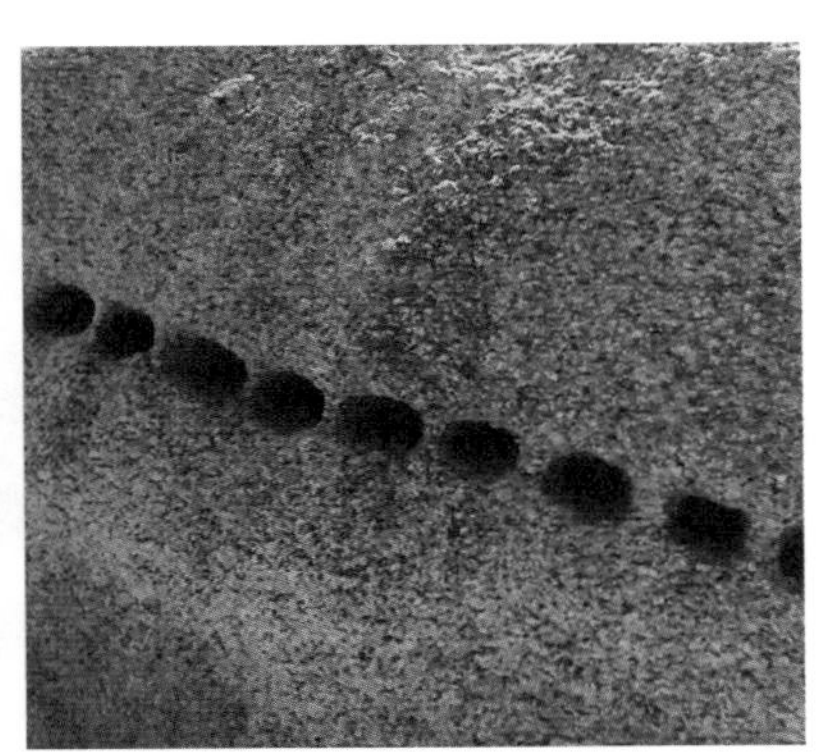

石の穴と鉄矢

浜辺に転がる残念石にあいた穴

大坂城の巨大石垣を築け

ひびが入った巨石

鉄矢とセリガネを差し込み大きな玄能で打ち付ける

ノミに玄能をふるって、石を削っていく

鉄の梃子を差し込み石を切り開く

めに、石に穴をあける作業が始まった。石に力が均等にかかるよう、穴は等間隔にあける。縦5㎝、横10㎝、深さ12㎝の穴を、玄能とノミを使い、ミリ単位で掘っていく。

7tの石を切り出すのに、21個の穴をあける。一つの穴にかかる時間は2時間だ。

1週間後、最後の調整が始まった。鉄矢に合わせて穴の大きさを調整していく。隙間があると石に力がかからず、鉄矢が抜けてしまう。鉄矢を押し込むことで、穴の両側面に力をかけ、押し開くように割るのだ。

石を割る実験がスタートした

ついに、準備が整った。実験当日。町内放送が実験を知らせる。人々が集まってくる。

いよいよ実験スタート。次々と、あけられた穴に鉄矢とセリガネが差し込まれる。セリガネは石と鉄矢の調整板だ。

21個の穴、全部に鉄矢が差し込まれた。石の上に藤田さんが上がる。玄能の重さは6㎏。玄能で鉄矢を打ち、割れ目を作る。

まず、下にいる堀川さんが玄能をふるう。均等に鉄矢を打ち込むため、まずは軽く全部をたたく。上に乗った藤田さんが続く。そして、堀川さんが反対側に回って鉄矢をたたく。

続いて2巡目だ。今度は強く打ち込む。上の藤田さんが何度か玄能を振り下ろした時、石にひびが入った。その時、堀川さんが声を出した。「こっちの（側面の）鉄矢が効いてないようだ」。効いていない？　それは石を割ることが無理ということか？　緊張が走る。

7分が経過した。藤田さんが上から大きく玄能をふるった。すると、側面の鉄矢がゆれて落ちていく。割れないのか……。

いや違う、ひびが全体に広がったようだ。すると、藤田さんが鉄矢を入れ換えた。一回り大きな鉄矢にしたのだ。ひと振り、ふた振り。

あっ！　ひびが全体に渡った。後は梃子（てこ）を使って切り離すだけ。

藤田さん、梃子を差し込んだ。切り離れていく7tの石。石は砂埃を上げながら、倒れていった。「おーーー」という地元の方たちの声が聞こえ、藤田さんがこぶしを振り上げた。そして、一斉の拍手だ。堀川さん、帽子をとって頭を下げた。

割れたところは、まっすぐで、ゆがみもない。実験大成功！

ついに石が割れた！

切り離されていく27tの石

実験Ⅱ

切り出した石を麓に下ろす

静岡大学名誉教授、小和田哲男さんは秀吉について語る。

「戦いでは、秀吉が飛びぬけて強かったわけではありません。その秀吉が天下をとれたのは、他の大名より抜きんでたものがあったからです。それが技術力です」

古来の大デコが実力を発揮

秀吉は、より早く城や砦を築くため、材料の規格の統一を進めた。統一しておけば、どこからでも調達でき、組み立てるのも楽だ。

石運びリーダーの藤本さん

藤本秀樹さん（当時75歳）。
祖父の代から続く石職人の3代目。

徳川もそれを引き継ぎ発展させた。いまも残る徳川大坂城の石垣の石は縦70㎝、横70㎝、そして奥行きが1ｍ75㎝、重さは2ｔであった。そこで、今回切り出した石もこの規格に合わせて加工した。

しかし、この石をどうやって山から下ろしたのか。まず、道が必要になる。麓までは30ｍ。しかし、そこは木が生い茂る道なき道。木を切り道を造るのに5人がかりで半日かかった。そして、木を切り出したことでコースの厳しさが明らかになった。カーブ、急斜面、そしてゴールの手前には小川がある。

次の実験はこの道を使って石を下ろすこと。リーダーは藤本秀樹さん（当時75歳）にお願いした。藤本さんは祖父の代から続く石職人の3代目。彼が持参した道具が大梃子（大デコ）だ。30年前に藤本さんの父親が作ったものだという。

大デコは重機のない時代に使われた石を運ぶ道具。大デコが使えて一人前ともいわれる。どのよう

大デコの技

押す

先端を地面に差し、そこを支点にして押す

大梃子（大デコ）

藤本さんの父親が作った30年物の大デコ

掘る

先端で掘りつつ、
梃子として石を持ち上げる

上げる

梃子の要領で持ち上げて、
石の下に丸太などを入れる

風雲！大歴史実験8

大坂城の巨大石垣を築け

実験シーン

森に道を造る

みなで石を下ろす

最大の障害物の小川

危険! 石が傾いた

※許可を得て、環境・安全に配慮して実験

に使われるのか。実験スタート。

まず、藤本さんたちは石の下に大デコを差し込んだ。2tの石の下に5本の大デコ。これで石は動くのか。掛け声がかかる。一斉に力を入れて石を持ち上げた。そして、すぐさま丸太を差し込んだ。石を丸太の上に乗せて転がすのだ。

次に、直径5cmもある船のもやい綱を石に巻き付けた。これで引っ張る。続く関門は3mほどの斜面。そこを引っ張り上げる。掛け声とともに10人で引っ張るが動かない。

またまた大デコが登場 石を取り除き大活躍

そこで、大デコの登場。4本もの大デコを石の下に差し込み押し上げていく。さすが大デコ、石は3mの斜面を上がった。

さらに、前日の雨でぬかるんだ下りの坂道、石の下に板を差し込む。石がぬかるみに嵌らないようにするためだ。ここでも大デコが登場。石を持ち上げて3cmの板を差し込んだ。そして、上からロープをかけ、木に結ぶ。一気に滑り落ちないようにするためだ。

しかし、ぬかるみのため、下り坂なのになかなか進まない。ここでも大デコ、少しずつ下ろしていく。

すると、また障害物が。こんどは地面に埋まった石。またまた大デコの登場。大デコで石を掘り出し、取り除いた。

実験開始から2時間。坂を下りきった。あと残り5m。しかし、そこには小川が流れている。小川を越えるべく、石を引っ張るが、小川の石に乗り上げて傾いた。藤本さんの顔に焦りの色が、「これは無理だ。石が転げ落ちてしまう」と藤本さん。「なんとか川を越えたいなあ」といいつつも冷静な判断。ショベルカーを使う。

そして、実験終了。ショベルカーは使ったが、坂を下りきった。

規格が統一されたのは、畳のせいなのです。畳ができてきて、それに合わせて部屋や建物、そして土地の大きさも決まっていきました。太閤秀吉が検地したのも、そのためといえます。

藤森照信（建築史家）

実験Ⅲ

12tの石を運ぶ

江戸時代、小豆島では石職人以外にも多くの人が石に関わっていた。特に大きな石を運ぶ場合は1000人もの人々が働いたという。

そのため、人々を動かすリーダーが必要だった。江戸時代は、加藤清正の息子、加藤忠広などが小豆島で石奉行を務めていた。

今回、実験で運ぶのは12tの石。大坂城では特別な場所に10tを超える石も使われていた。

今回、その石を運ぶリーダーが丸山豊一さん（当時66歳）だ。通称丸さん。12tもの石を運ぶには、多くの人が心を一つにしないと、石を引っ張ることができない。

巨石を運ぶには リーダーが必要

丸さんへの住民の評価は高い。「（丸さんは）人を使うのがうまいですよ。自分から動くからね。みんながついていきますよ」と、実験参加者の一人は語る。

今回、丸さんは秘密兵器を用意した。それは丸太で造られた台座だ。それをコロの上に乗せる。これによって、石を直接コロに乗せるより、摩擦が減り、より力が少なくて済む。この台座を修羅という。

丸さんは、この修羅を島でとれる木を使って造ることにした。造るのは地区一番の大工、当時、66歳の坂口均さん。大工職人歴51年だ。丸さんが抜擢した木は山から伐採した50年物の檜。檜の巨木であれば、12tもの巨石に耐えることができる。

この檜を加工するのに使うのが鍬のような手斧（ちょうな）。古代からの道具だ。この道具を使うのは、400年前と同じ条件で修羅を造りたいと考えた坂口さんのこだわりでもあった。

丸さんは、2tの石で予備実験をすることにした。コースは全長50m、途中に大きなカーブがある。丸さんはこの実験で問題点を洗い出す。

「ストップ」の声がかかる。大きなカーブで修羅がコースを外れた。外れた理由はコースの傾斜。計ると内側と外側の差が4度もある。そこで、丸さんは低い方の板を2枚にして、傾斜をなくした。

実験当日だ。丸さんの呼びかけ

12tを運ぶリーダー丸山さん

丸山豊一さん（当時66歳）。通称丸さん。漁師のかたわら民宿経営も

修羅

50年物の檜で作った修羅

修羅を造る坂口さん

地区一番の大工、坂口均さん（66歳）。職人歴51年。こだわりの手斧で修羅を造る ※年齢・職人歴は実験当時（2015年）

2tの石で予備実験

地面の傾斜で途中ストップしてしまった

大坂城の巨大石垣を築け

で集まった人たちは170人。そこには当時の町長、塩田幸雄さんもいた。「眠っていた小豆島の石の文化のDNAがよみがえる。まさにこの実験によってよみがえるのです」と語ってくれた。もうすぐ実験スタート。

まず、30人で引く。「みんな、いくぞ」、丸さんの声がかかる。引く時の掛け声は秋祭りで太鼓を担ぐ時の掛け声。「いち、にの」、「さん、しー」。「いち、にの」、「さん、しー」。独特だ。修羅が動き出す。

快調に20mまで来た。しかし、そこでストップ。大きなカーブの手前。修羅がコースを外れそうになっている。

丸さん、初めて困った顔を見せた。が、すぐさま指示を出す。「50人に」。引き手を50人に増やして軌道の修正を図るのだ。

大きなカーブ。軌道を外れる12tの巨石

50人が位置について、修羅を一斉に引っ張り出した。しかし、また、30m地点でストップ。修羅の下にあるコロがずれ、ストッパーになってしまっている。コロの太さが左右で微妙に違い、均等に動かない。

そのため、修羅もコースからはみ出しそうだ。梃子を使って修正を試みるが、石が重くて動かない。どうする丸さん。

「100人にしてください」。丸さんの指示が出た。力ずくで動かす作戦だ。そして、前からだけでなく、横からも修羅を引っ張り、コースから外れるのを防ぐ。

「いち、にの」、「さん、しー」。「いち、にの」、「さん、しー」。応援のみなさんからも声がかかる。引き手も、応援も心が一つになる。丸さんの掛け声が一段と大きくなる。

しかし、40m。ストップ！　修羅のコースのずれが一段と大きくなった。脱線寸前だ。そこで丸さん、誰かを呼んだ。

石職人、大デコ使いの藤本さんたちが登場した。手にはもちろん大デコ。そして、5本の大デコで石を動かそうとする。しかし、動かない。

丸さん、ここで捨て身の戦法、100人の力技にかけた。また、100人で引っ張るのだ。

「せーの」。「いち、にの」、「さん、しー」。「いち、にの」、「さん、しー」。驚いた。修羅がコースに戻っていく。さすが、丸さん。さすが、100人の力。そしてゴール。大成功だ。

実験シーン

実験スタート

コロがずれた

100人で引っ張る

軌道を大きく逸脱

ゴール

※許可を得て、環境・安全に配慮して実験

実験Ⅳ

どのように石を船で積み出したのか？

小豆島の東の海岸には残念石が多く転がる。果たして、石はここから積み出されたのだろうか。しかし、そこには疑問が残る。浜は遠浅で、大きな船は入ることができない。

しかし、この浜こそが積み出し場所であったと主張する専門家がいる。同志社大学准教授、津村宏臣さんだ。史料のない歴史を、地形や気候などで解き明かそうとしてきた。

筏は満潮で浮かぶのか？ 潮流はできるのか？

津村さんは自らの説を検証するために、海底を調査し、次々に運搬途中で誤って落下した巨石を発見した。やはりこの浜から石を積み出したのだ。では、この遠浅の海岸からどうやって船を出したのか。潮の干満と筏(いかだ)を利用したという。潮が満ちた時に筏が入る。潮が引くと、筏が底につく。その時に石を乗せ、再び満潮になると筏は浮かび上がるので、そのまま沖に出ていく。そして、沖で船に積み替えたのだという。

そこで、歴史の大実験。

この実験は津村さんと丸さんに協力してもらい行っていただいた。

まず、筏づくり。その筏は、石2t、乗船者0・7t（70kg×10人）、筏3t、合計5・7tの浮力が必要だ。そのための材料は、長さ7m×直径25cmの丸太が33本必要になる。

材料に選んだのは古電柱。乾燥しているので、生木より軽い。浮力を増すために船底には竹を追加した。果たして、筏は浮かぶのか？

そして、もう一つ、津村さんがこの海岸で注目していたことがある。海底を調査している時に、海岸の右手と左手に2列の石が沈められた痕跡が見つかったのだ。

津村さんは、「かもめ石」と呼ばれているこの2列の石は、船が

海流実験をする津村さん

同志社大学准教授、津村宏臣さん。文献の歴史を、地形や気候などで解き明かす研究者だ

海流実験

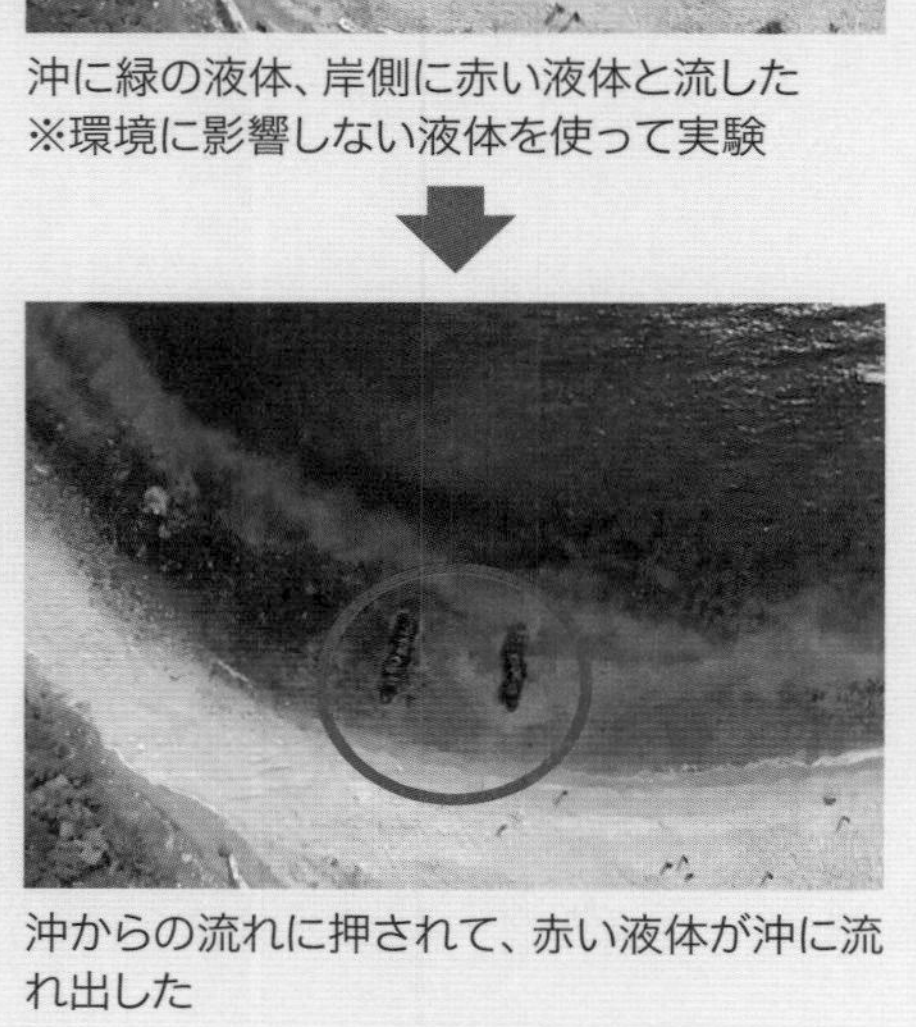

沖に緑の液体、岸側に赤い液体と流した
※環境に影響しない液体を使って実験

沖からの流れに押されて、赤い液体が沖に流れ出した

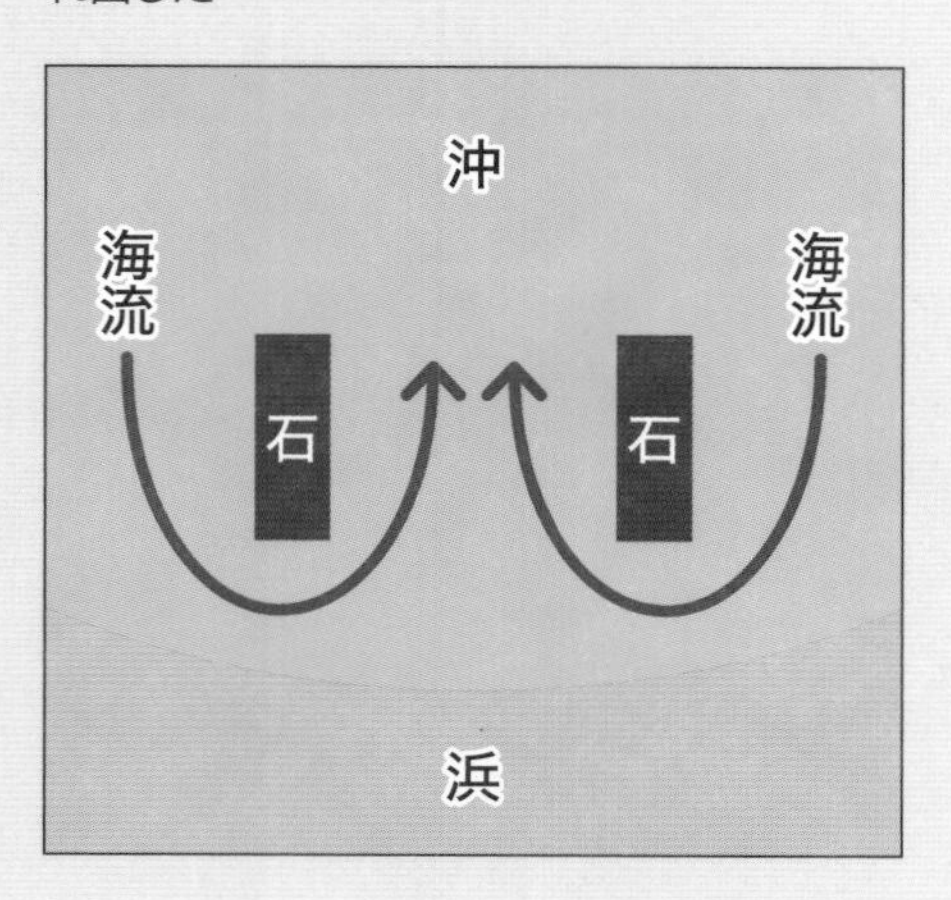

午前9時、満潮で浮かび上がる筏

ゆっくり、ゆっくり、満ちていく潮で。10人の人と2tの石を乗せた筏が浮かび上がった

出港する時、沖に向かう海流をつくり出すために沈められたと考えた。筏実験の前に、まず、この海流が起きるかどうかの実験だ。

　残念石のある海岸と同じような海岸で、石の入った袋を沈め、かもめ石と同じような石の列を造った。そして、岸には赤い液体を、沖には緑色の液体を流した。

　それを空から撮影。

　岸の赤い液体は、石の列の間を沖に向かい始めた。沖から来た流れが、横から列の間に押し寄せ、そこの潮を沖に向かって追い出している。沖に向かう流れは石に沿ってどんどん増えている。実験は成功だ。

　筏実験の当日になった。時間は朝7時。潮が引いた浜に置かれた筏に、石を乗せる。滑車を使いもやい綱で石を引く。引くのは丸さんの漁師仲間。町長さんや津村さんの顔も見える。修羅に乗せた石が筏に乗った。後は潮が満ちるのを待つだけだ。

　2時間経過。午前9時、2tの石を積んだ筏は完全に浮かび上がった。まずは実験成功。

　続いて、2列の石がつくる海流の実験だ。この海流が沖に向かう船の動きを助けるのか、見てみよう。筏から、岸とつなぐロープを外す。が、動かない……。残念ながら、筏は同じ場所にとどまったままだった。沖に向かう海流の利用については今後、さらに研究が必要だ。

動かない筏

液体のようには流れなかった筏

琵琶湖は日本海とつながっていました。日本海から琵琶湖、そして淀川を通って瀬戸内とつながります。さらに日本海は北海道までつながりますから、秀吉は、その物流を使って、瀬戸内の石と内陸の石組みをうまく結びつけたのだと思います。

藤森照信

石のモニュメント

石垣職人の佐伯さん

エピローグ 石のモニュメント

小豆島での実験は終わった。小豆島では、今回の実験を記念してモニュメントを造ることになった。それは小豆島の石の歴史を再認識するものでもある。

モニュメントを設置するのは、6年前に廃校になった小学校の校庭。その校庭に２ｔの石を載せる石垣の台座づくりが始まった。

石垣を造るのは、佐伯忠さん（当時77歳）。62年の経歴を持つ石垣づくりの名人だ。

その佐伯さんが最も誇りとしていることがある。若いころ大阪城の石垣修理に参加したことだ。夢中になって玄能をふるった。

彼の技は玄能で寸分の狂いもなく石垣の石を削ること。玄能の鉄の角を使って、石を平らにしていく。

造り始めて5日、佐伯さんの造った石垣の台座が完成した。後は２ｔの石を載せるだけ。実験に参加してくれた人が次々にやって来る。秋の太鼓の音とともに、ゆっくりと人々が声を上げながら綱を引っ張る。それにつれてゆっくりと２ｔの石は台座に通じる坂を上がっていく。その台座の石が上がると、佐伯さんは最後の調整に、石の位置を確かめる。そして、ＯＫの声が聞こえた。完成だ。

膨大な人の知恵と技術の集大成、大坂城

佐伯さんも参加した大阪城の石垣の修理。その石の数は70万を超える。いったいどれだけの人々が関わったのか。今回の実験だけでも８１８人の人が関わっている。石を切り出す人たち。修羅を使った人たち、石を引っ張った人たち、それを束ねた人たち、石を運んだ船乗りたち、無数の人たちが関わっている。

そして、それらの職能集団を使って天下を統一したのが秀吉であり、徳川であった。大坂城はその集大成である。大坂城の石垣には莫大な人の汗と知恵と技術が凝縮されている。

第五章 江戸幕末

風雲！大歴史実験

一、池田屋事件 新選組マジックの謎を暴く

（2017年12月28日放送）

新選組の始まりと終わり

新選組は前川邸から始まり、五稜郭で終わった。

新選組屯所（前川邸）

写真：三木光/アフロ

ここに2つの写真がある。第五章の主役、新選組の始まりと終わりの場所を写したものだ。

新選組の前身は浪士組である。浪士組は庄内藩の浪人であった清河八郎が幕府の支援のもと、将軍が上洛する予定の京都の治安を守る組織として発足させた。

その時、近藤勇は、江戸で試衛館という天然理心流の道場を営んでいた。その門弟には土方歳三や沖田総司らがいた。

彼らは清河が浪人を募集していると聞き、それに応じ京に上る。その時、他の浪人と共に暮らした場所が京都壬生村にある民家や会所で、その一つが前川邸だ。

近藤らは、清河が佐幕ではなく尊王攘夷の人物であると知って、袂を分かち新選組を立ち上げる。

そして、その名をとどろかせたのが、この章の池田屋事件だ。

ラストサムライだった新選組

しかし、時代は剣豪を必要としなくなっていた。新選組は鳥羽・伏見の戦いで、新政府軍の銃や大砲で壊滅的打撃を受ける。土方はこの戦いの後、知人にこう話している。「もう、銃や槍で戦争はできません」と。

その後、彼らは江戸に戻るが、近藤勇は捕まり、斬首になる。土方は、函館まで逃げて、五稜郭で明治政府に対抗して、新政権を立ち上げる。しかし、結局、そこで最期を迎えることになる。

その後、日本では士族の反乱が続いたが、最後は西南の役。これをもって、武士の時代は完全に終わった。

新選組はラストサムライといえたのかもしれない。

五稜郭（函館）

写真：田中正秋/アフロ

風雲!大歴史実験

実験でわかった9

池田屋事件

新選組マジックの謎を暴く

すごさは実戦剣術にあった

新選組4人で志士20人を倒した池田屋事件。その新選組の強さを実験する。

再現された池田屋で戦う!

わが剣は、相手の意表を突き相手を倒す、実戦の剣だ

近藤 勇
イラスト／小宮國春

新選組の名を初めて有名にしたのが、池田屋事件だった。

1864年（元治元年）6月5日、時の天皇、孝明天皇を長州へ連れ去る計画を企てる勤王の志士たちを一網打尽にすべく新選組は捜索を開始。京都三条にある旅館、池田屋にたどり着く。

この時、新選組は近藤隊10人と土方隊24人に分かれており、池田屋に着いたのは近藤隊であった。

事態が切迫する中で、近藤は池田屋に突入することを決断。

午後10時、正面と裏口に3人ずつを残し突入。突入したのは、近藤勇、沖田総司、永倉新八、藤堂平助の4人。

その突入に、2階にいた志士たちの中には、慌てて逃げ出す者もいた。外を固めた新選組は、逃げ出した志士と斬り合いになった。

一方、池田屋の中では、たった4人が20人の志士たちと戦っていた。やがて土方隊も到着し、9人を討ち取り、4人を捕縛した。

ファーストポリスだった新選組

その新選組について、東京学芸大学教授、大石学さんはこう話す。

「新選組というとラストサムライのイメージですよね。しかし、私は、ラストサムライよりはファーストポリス（最初の警察）、ファーストミリタリー（最初の軍隊）へ展開していく近代的な組織だったと考えています」

そこで、歴史の大実験。池田屋の内部を忠実に再現。なぜ、新選組の4人は20人もの志士を倒すことができたのか？ 実験する。

実は、池田屋に突入した4人は同じ剣の流派を修めていた。天然理心流。いったいどんな剣なのか。そこにどんな強さがあるのか？

当時の京都では、尊王の志士といわれた人たちが、相当、荒っぽいことをしていました。

例えば、天誅などと言いながら、商家に押し入って、お金をゆすってみたり、さらには人殺しまでやってしまう。そういう人たちを取り締まる警察官の役目をしていたのが新選組です。

ただ、池田屋事件の時は、一流の志士たちがそこにいたわけです。一番、格が上だったのは宮部鼎蔵（熊本藩士）です。彼は、吉田松陰の盟友です。彼らが、もし明治の時代まで生き延びていたら、相当、偉くなっていたと考えられます。池田屋事件は歴史を大きく変えたと思います。

本郷和人
（東京大学教授 日本中世史）

事件データ

日時	1864年6月5日
場所	山城国京都三条木屋町池田屋（現・京都府京都市中京区）
新選組	4人（外6人）
志士	20人以上

上から見た再現された池田屋

埼玉県秩父市の体育館に再現された池田屋。幅は2m80㎝、奥行き9m。かなり狭い

池田屋の間取り

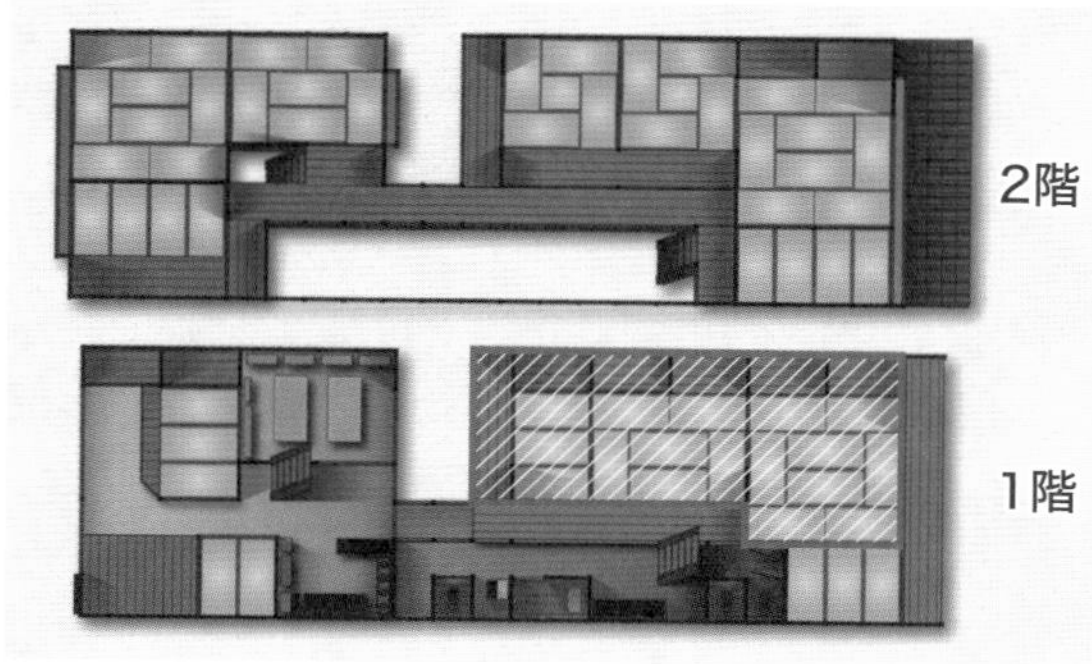

再現されたのは、1階のこの部分

圧倒的な人数の差をはねのけ、池田屋で勝利した新選組マジックの謎に迫る。

当時の池田屋を再現！

その日、池田屋では何が起こったのか。現在、舞台となった池田屋は存在しない。建物内部の写真が数枚残るだけだ。実は、池田屋は事件の後、営業停止になり、昭和6年まで同じ建物で別の旅館が営業していた。

掲載した間取り図は、最後の経営者の記憶を頼りに書かれたもの。これに基づき忠実に造る。

当時の京都の街は長方形の建物が多く、まさに、うなぎの寝床状態だった。池田屋も、間口はおよそ6mだったが、奥行き27mと細長い。

ここは、埼玉県秩父市にある体育館。今回再現するのは、激しい斬り合いになったという池田屋の1階部分だ。

この日、2階で密談中だった志士たちは、新選組の襲撃を知り、逃げ場を求めて、一斉に1階へと逃走。そこには土間や廊下に囲まれた3つの部屋が連なっており、この3部屋で、新選組と志士たちが戦ったと考えられている。

そこで、両者の斬り合いとなった3畳、6畳、8畳の部屋と廊下の一部を当時とほぼ同じ寸法で造ってみることにした。

新選組が突入した3畳間の幅は2m80㎝。三部屋を合わせた奥行きは9m。天井までの高さは2m40㎝、鴨居までは1m80㎝。そして障子と障子の間は1m40㎝。完成した池田屋の1階は想像以上に狭く、鴨居も低い。いよいよ実験が始まる。

実験Ⅰ

新選組4人と志士20人の戦い

驚く程に狭い空間。この狭さが戦いにどう影響するのか。

今回実験に参加していただくのは、拓殖大学剣道部のみなさん。いずれも3段の有段者。そして、日本大学芸術学部剣道部の3人。こちらも有段者だ。

彼らに20人と4人に分かれてもらった。今回の実験は、2階から下りてきた志士20人が右側から、表口から入ってきた新選組4人は左側から斬りかかる。

剣道の防具をつけ、身体には竹刀が当たると光るボールを装着してもらう。ボールが光った人は、戦闘不能ということで、その場にしゃがんでもらう。

実験スタート。開始早々、激しい打ち合い。だが、竹刀が鴨居に当たって届かない。上から振りかぶっても打ち下ろせない。さらに柱や障子が邪魔をする。

それでも、永倉新八と志士の一人が脱落。味方を倒され、沖田総司が前に出た。突きで攻める。しかし、それを返され小手に一撃を食らった。早くも新選組は2人が脱落した。

ついに近藤勇もやられた

一方、志士たちも戦っているのは最前線だけ。1対1の勝負だ。後ろの志士は斬りかかろうにも、前がつかえて、新選組の姿さえ見えない。狭い中での戦いは、大勢に囲まれないだけ、新選組には有利に働いているようだ。

しかし、新選組は倒しても倒しても、後ろからまた志士が出てくる。踏ん張る新選組だが、ここで藤堂平助がやられ、残ったのは近藤勇ひとりだけ。

……ついに、近藤もやられた。実験終了。

実験結果は戦闘不能になった志士は6人だけ。これでは池田屋事件にならない。新選組は実際どのように戦ったのか、謎のままだ。

実験シーン

鴨居に当たる竹刀

鴨居に限らず、柱や障子に当たって、竹刀をふるうのが大変だ

戦っているのは前線だけ

志士の後方は、なすすべもなく、前線の動きを見るだけだ

実験データ

実験の装備

剣道の防具をつけ、身体には光るボールをつけ、竹刀が当たると光る

攻撃ルール

志士は右側から攻撃、新選組は左の出口側から攻撃

実験の参加者

拓殖大学剣道部のみなさんと日本大学芸術学部剣道部の3人

取材

天然理心流の剣術とは？

天然理心流の稽古

天然理心流は剣術だけでなく、素手での実戦も想定して稽古をする総合格闘術だ

狭い空間は新選組に有利に働いたかもしれないが、実験で倒れた志士たちは6人。しかし、実際の池田屋では20人の志士の多くを新選組の4人は倒している。

では、それが、なぜ可能になったのか。最初の実験では、新選組も志士も剣のレベルは同じだった。しかし、実際は、両者の剣に決定的な違いがあったのかもしれない。

1対2、1対3もある総合格闘術

池田屋に突入した4人。この4人は、当時の剣術では異色の使い手だった。

彼らの流派は、先にも紹介したように天然理心流である。近藤勇は、江戸にあったその流派の道場主であった。

そして、沖田総司はその塾頭、永倉新八、藤堂平助も、その道場に身を置いていた。

天然理心流は寛政年間（1789〜1801年）に、近藤内蔵之助（くらのすけ）により創始された。当時の剣術が、竹刀や防具を使って1対1で対戦する現在の剣道に近いものであったのに対して、天然理心流は実戦を想定し、剣術だけでなく、柔術や棒術も使う総合格闘術だった。

いまも、当時の技を引き継ぐ天然理心流の道場、試衛館では、普通の剣道ではありえない稽古を行っている。

試衛館の館主、高鳥天真さんは天然理心流について説明する。

「天然理心流は単なる剣道ではなく、戦うための武術です。江戸時代の天然理心流がそうなのです。当然、実戦を想定していますので、前後左右に敵がいる場合の型もありますし、1対2や1対3の稽古もします」

実戦を想定して行う天然理心流の稽古。1対2や1対3で稽古を行う道場は、当時もいまもほとんどない。

近藤勇の剣は実戦でどれだけ威力を発揮したのか、見てみよう。

実験Ⅱ

これが天然理心流の戦い方だ

対戦シーン

天然理心流1人対剣道有段者3人の戦い。勝ったのは理心流だった

実験会場は東京都日野市にある南平体育館。日野市は土方歳三が生まれ育った場所だ。

実験に参加してくれるのは、近藤勇ならぬ天然理心流、試衛館の師範代並の田中文章さん。そして、その田中さんと戦うのは志士ならぬ拓殖大学剣道部の3人。今回も光るボールを狙って打ち合う。

1対3の戦いが始まる。実験スタート。その直後だ、近藤勇、3人に追い込まれ囲まれてしまった。

勝因1 意表を突く動き

剣道にない下段の構えから、面や小手を打つ

実験データ

志士ならぬ3人組

拓殖大学剣道部のみなさん

近藤ならぬ田中さん

実験参加者の天然理心流・試衛館、師範代並の田中文章さん

実験場所　南平体育館

土方歳三の生まれ育った東京都日野市にある日野市立南平体育館

池田屋事件

志士に囲まれるが素速くかわす近藤

が、身体を回転させて脱出。次々に切りかかる3人の志士。振り下ろされる剣の先は、近藤1人に向かっていく。

しかし、ここから近藤は囲まれないように足を使って逃げる。逃げながらも近藤が1人を倒した。1対2になった。と、思う間もなく、もう1人、志士がやられた。

近藤の視線は、2人に対して、均等に向かう。一方だけ見るということはなかった。そのため、隙が生まれにくい。そして、正面にいる相手に剣をふるうと思いきや、横の相手の小手を一撃。不意を突かれた。

様々な技が秘められた戦いだった

最後の相手だ。近藤は袈裟（けさ）で攻める。袈裟懸けから頭上に振り下ろされた。この一撃で最後の志士も倒されてしまった。

実験終了。近藤勇、たった1人で3人を倒してしまった。

実験後に、田中さんは、天然理心流の技を教えてくれた。

「天然理心流の技をいくつか出しました。そのうちの一つに、山影という構えがあります。これは一般的には脇構えといわれるものですが、下段に構え、そこから間合いを詰めるようにして上段をとって、面なり小手を打っていくものです」

これに対して、志士ならぬ拓殖大学剣道部の方が話した。

「剣道は中段か上段の構えで、試合で急に相手が脇構えをとることはありません。脇構えから急に上段に変わると、どこを打てばいいのかわからなくなりました」

今回の実験でわかった天然理心流の勝因は、剣道にない意表を突いた動き。そして、囲まれないように動き回ること。さらに、複数の敵を同じ配分で見て隙をつくらないこと。

他にも天然理心流には、技がある。

ひとつは「車剣」。相手が出してきた剣を、自らの剣で受け止め振り落とし、そのまま相手を突くか、剣をたたき折る。

そして「陰勇剣」。壁や物陰に隠れている相手が振り下ろしてくる剣に対して、それをかわしながら、相手を突く技だ。

勝因2 動き回る

相手に囲まれないように動き回る

勝因3 隙をつくらない

複数の相手に対しても同じ配分で見て、戦う

天然理心流の技

車剣

相手の剣を自らの剣で押さえ、振り落とし相手を突く

陰勇剣

隠れている相手の剣をかわし、相手を突く

実験Ⅲ

真剣の攻撃力と防御力を検証

新選組では、より実戦的な稽古をしていた。それは、刃を潰した真剣での稽古だ。真剣は竹刀や木刀に比べて長さや重さが違う。竹刀は長さ120cmで約500g、木刀は100cmで約700g、真剣は100cmで約1kgである。

そのため、実戦で真剣を使うには、その扱いに慣れていなければならなかった。おそらく志士たちは竹刀や木刀で稽古していたから、真剣は不慣れであっただろう。

真剣挑戦者、渡辺さん

天然理心流門下生の渡辺沙織さん

刀の攻撃力を検証する

そこで、歴史の大実験。真剣で稽古をしている人と、稽古をしていない人では、どれだけ差があったのか。まずはその攻撃力を実験。

実験に挑んでいただくのは、試衛館の館主、高島天真さん。真剣を使って日々鍛錬をしている。そして、門下生の渡辺沙織さん。彼女は木刀の練習は重ねてきたが、真剣は未経験だ。挑戦するのは巻藁(まきわら)切り。

まずは高島さん。一刀両断とはこのこと。振り下ろした真剣で、鮮やかに巻藁は真っ二つになった。斬られた断面も、ゆがみは全くない。

続いて、渡辺さん。振り下ろした……。が、巻藁の途中で刀が止まってしまった。

彼女の失敗について高島さんは説明する。「手の内がゆるいですね。だから、斬り負けてしまいます」

手の内とは簡単にいえば、グリップのこと。刀の握り方だ。巻藁に刀が当たった瞬間、刀をしっかり握っていないと、刀がずれ、刃筋（刀の入る角度）が変わり、止まってしまう。

これは、力の問題ではなく、常日頃から真剣を使って稽古をしているかいないかの差だ。

渡辺さん、途中で止まった

高島さん、真っ二つに

※高島さんの指導のもと安全に配慮し無人カメラで撮影

刃の角度が変わると斬れない

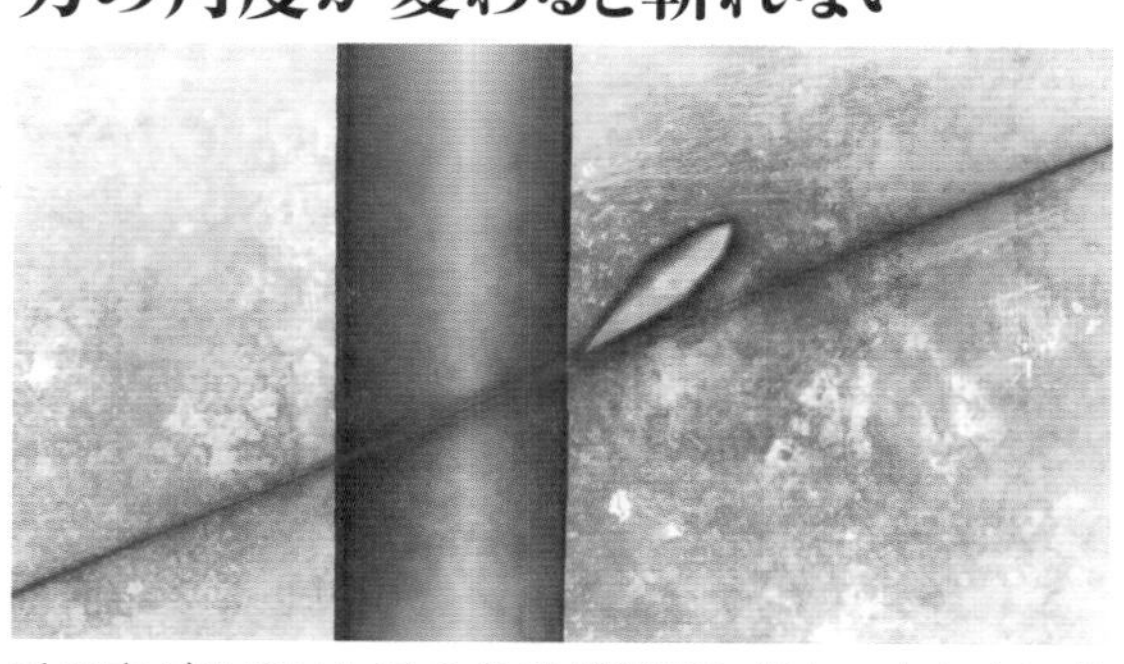

手の内がゆるいと刃の角度が巻藁に当たったときに曲がって斬れない

刀の防御力を検証する

では、刀の防御力はどうだったのか。歴史ドラマなどで、敵の刀を自分の刀で受け止めるシーンが出てくるが、その受け止め方も真剣の慣れで変わってくるという。

それは、日本刀の弱点に関係する。高島さんは説明する。

「刃の方は非常に強靭ですが、反対側の棟(むね)（峰(みね)）の方は弱いのです。

だから刃の方で、棟を折ることができます」

刀で刀を折る？　そんなことが可能なのか。実験していただいた。

刀は両方とも昭和以降に作られた真剣。折られる方も切れ味鋭い。

実験スタート。高鳥さんが、真剣を振り下ろした……。ここでも一刀両断。真剣が真っ二つになった。

振り下ろした刀が当たった棟の方ではなく、下側の刃の方から折れている。刃の方が薄く、反っている分だけ、裂けやすい。

真剣は場所によって弱い部分がある。棟もその一つ。真剣に慣れていれば知っていることだが、志士たちのように慣れていなければ、刀を折ってしまった者もいたに違いない。それでは、戦えない。

刀で刀を折る

刃の方から折れる

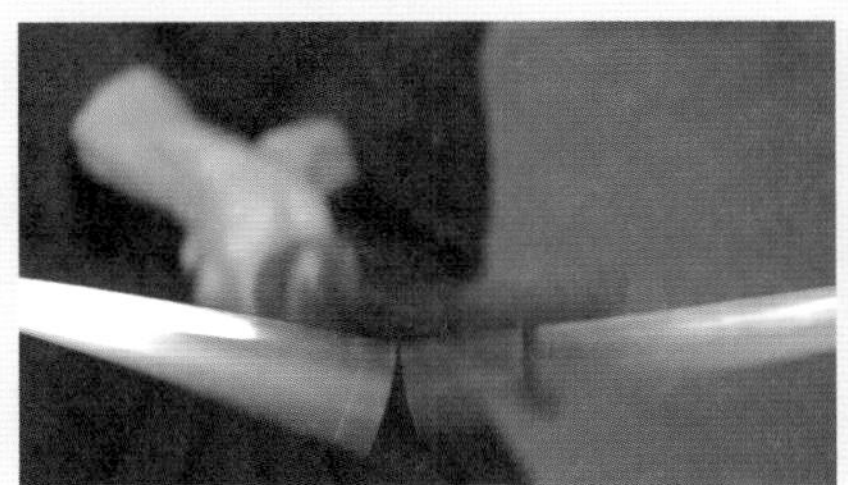

棟に当たったが、折れるのは刃の方から
※安全に配慮し無人カメラで撮影

刀が折れた！

棟に振り下ろした刀で、刀が真っ二つに

沖田総司の三段突きを実験する！

新選組には、天然理心流のほかに、いくつかの流派もいた。その中で、彼らは切磋琢磨し、新たな得意技をつくり上げていった。

なかでも、沖田総司の三段突きは有名だ。そこで、高鳥さんに三段突きを実験していただいた。

もちろん、天然理心流には三段突きという名称の技もなければ、三回突く技もない。今回のために、特別に、天然理心流の連続技を応用して、考案していただいた。

実験スタート。高鳥さん、二撃連続で突く。そして、最後は巻藁をかすめるように真剣を伸ばした。実験後、巻き藁についた傷を見ると、すべて斜めになっている。

「これは、平突きといいます。真剣を斜めにして刺しているのです」

と高鳥さんは説明する。

特に最後の一撃は、斜めにすることで、かすめただけでも頸動脈を斬ることができる。さらに刀を振り上げないので、天井の低い場所でも有効な必殺技なのだ。

考案！三段突き

ひと突き、ふた突きの瞬間

三突き目で巻藁をかすめる

刀を斜めにして突く

斜めにすることで頸動脈を斬ることできる

実験Ⅳ

最後の戦い！ 新選組は2人

ここで、再度、実験場所を再現された池田屋に移そう。

池田屋事件では、新選組が4人で突入したが、途中、沖田総司は病気で戦えなくなり、藤堂平助も深手を負って戦線を離脱する。

そのため、実際には近藤勇と永倉新八の2人で志士と戦うことになったという。いくら志士より武術で秀でた2人であっても、そんなことが可能なのか。歴史の大実験。

最後の実験は、新選組ならぬ天然理心流の2人と志士20人で戦ってもらおう。

新選組の2人

天然理心流試衛館師範代、伊藤寛純さんと高鳥天真さん

新選組は強者2人 志士は20人

その戦いに挑むのは、現代の永倉新八こと天然理心流試衛館の師範代、伊藤寛純さん。そして、近藤勇こと高鳥天真さんの2人だ。

一方、勤王の志士たちは、最初の実験に参加していただいた大学の剣道部のみなさんだ。

いよいよ実験がスタート。

永倉と近藤が部屋の中央へ進んで行く。構えは近藤が平晴眼、永倉が山影、剣道にない構えで、相手の意表を突く作戦。山影は試衛館の田中さんが、3人を倒した時の構えの別称だ。

志士も迫ってきた。おっと、開始早々。志士の2人がやられた。

続いて永倉新八、相手の刀をしきりに上からたたいている。車剣だ。相手の刀をたたき落とすつもりだ。戦いの中心は部屋の境目、障子のあるところ。ここであれば、障子が邪魔をして、1人、2人の志士しか迫ることができない。

近藤新選組、1人ずつ減らしていく作戦か。

その時、障子の陰から志士の刀が出てきた。永倉新八、相手の刀をたたき落とした。さらに近藤は陰勇剣で障子の裏にいる志士を攻撃する。志士がまた1人、戦闘不能に。

実験シーン

実験スタート

近藤、平晴眼で突入

戦いは部屋の境

するど、志士の1人が飛び込んだ。しかし、あっという間に討ち取られてしまった。

近藤と永倉の2人は袈裟懸けの構えを多用する。上段の構えより低く構えられるので、刀が鴨居に当たらなくて済む。

永倉の気迫に押される志士たち

「来いよ、オラ！」「来いよ、オラ！」。永倉が大声で志士を威嚇する。志士たち、その気迫に一瞬ひるんだ。しかし、気を取り直して向かっていく。

激しい斬り合いがまた始まった。その時、永倉新八の肘にあるボールが光った。討たれたようには見えなかったが……、しかしルールだ、戦線離脱。

新選組は近藤1人になってしまった。さすがにこれはまずい。近藤勇、蹴りも繰り出した。志士の1人が飛び込んできた。続いてもう1人も飛び込んでくる。近藤は蹴りで応戦する。しかし、蹴りをよけられ、投げられてしまった。

近藤の剣が吹っ飛んだが、めげずに素手で志士に立ち向かう。

しかし、それは無理。一撃を食らって、実験終了。

実験結果は、近藤と永倉は全滅だったが、志士は12人も戦闘不能になった。天然理心流、20人は倒せなかったが、その実力はいかんなく発揮された。

ちなみに、後の映像のチェックでわかったが、永倉のボールが光ったのは、自らの身体にあたったから。もし、その時わかっていたら、戦いはもっと続いていたはずだ。

実験後、高島さんはこう締めくくった。

「壁があって、天井があって、制約がありますが、それが、少数の方の利になります。それを利用して戦うことができます。ただ、敵も多いですから、斬っても、斬ってもいます。それは近藤勇さんたちも大変だったと思います」

実戦の力は強い！

出た！陰勇剣

蹴りで反撃！

1人では無理だった

志士12人撃破

新選組に対して、最後の武士道を貫いたサムライというイメージをみんな持っていると思います。だけど、様々な身分の人が様々なところから集まってきて、切磋琢磨していたわけですから長州の奇兵隊みたいなイメージもあるのです。彼らは命をかけて戦っていました。このような人たちが歴史を変えていくのかもしれません。

本郷和人

おわりに

源平合戦から幕末に至るまで、戦乱の時代は経済が停滞し民衆が困窮するだけの時代ではありませんでした。全国の武将たちが富国強兵を競った戦国時代は、土木から運輸、流通まで様々な職人集団が誕生し、経済が飛躍的に発展する時代でした。また、いずれの時代も名もなき庶民や下級武士が歴史の表舞台に躍り出て新たな社会を切り開く時代でもありました。

実は「風雲！大歴史実験」で注目したかったのは、義経、信長、秀吉など歴史の頂点で活躍した英雄より、むしろ彼らに付き従い、様々な合戦の場で戦った下級武士や足軽たちでした。彼ら名もなき民衆こそが歴史の主人公だったのではないか。彼らのリアルな歴史を感じ取りたい。それが様々な実験のもう一つの大きな狙いでした。

源平の戦いに登場する関東の下級武士。熊谷直実や那須与一は手柄をたて自分たちの土地を守ってもらうため、はるばる東国から馬に乗り義経に従いました。敵の首を取るためには手段は選ばず。彼らが先陣を争い繰り広げる「おきて破りの集団戦」は、両軍の大将の一騎打ちで勝敗を決する従来の戦いを大きく変えていきました。

鵯越の実験では、愛馬で山道を旅した関東の武士にとって馬がいかに大切だったか、当時の馬に近い木曽馬を使い実感。そして何よりも「勝つためには手段は選ばず」。壇ノ浦の実験では彼らの命がけの戦いの残酷さと必然をくみ取っていきました。番組の実験で最も力を入れたのは、様々な武将に仕え合戦の主人公として戦った「足軽」たちの実像でした。馬術、弓術、剣術や槍術まで、武芸の鍛錬を日々重ねる武士たちの戦いに、突然雇われ参加した足軽たち。武術も知らず昨日まで農民だった彼らはどんな戦いを繰り広げたのか。長槍から火縄銃まで、圧倒的な経済力で武将たちが「足軽」に持たせた新兵器は、素人でも使える簡便さと驚異的な力を持っていました。実験では、槍の名人が長槍で戦う素人軍団に軽々と倒され、史上最強の騎馬軍団が、鉄砲隊の次々と乱射する火縄銃に倒されていく姿をリアルに突き止めたのです。

小豆島の石工の町の「大坂城の石垣運び」から新選組の「池田屋事件」まで、壮大な実験は、様々な歴史保存会から一般の方々に、「足軽」や「下級武士」になってもらうことで実現しました。読者の方々には、その貴重な結果から歴史上の名もなき人々の気持ちをくみ取っていただければ幸いです。

制作統括　ＮＨＫエデュケーショナル　森博明

「風雲！大歴史実験」放送データ

司会・実況・ナレーション／徳田章アナウンサー
題字／大鹿洋江　イラスト／小宮國春　CG制作／浦野康介　撮影技術／藤元勇二（共立映像）　ドローン撮影／稲葉達也（コブラ）
音響効果／小関孝宏、和泉勇輝、高嶺利規、鈴田佑士（CUEVO）　ポストプロダクション／植木義憲、日吉寛、高橋友樹、中村豪仁、岩瀬茂之（RAFT）
プロデューサー／上杉直子、小林真木子　制作統括／村中祐一（アマゾンラテルナ）、森博明（NHKエデュケーショナル）、湯澤克彦、三雲節、田島徹、渡辺圭（NHK）
制作／NHKエデュケーショナル　製作・著作／NHK　アマゾンラテルナ

源平　一ノ谷の戦い
鵯越の逆落としの真実
2018／6／30放送

出演／鶴見辰吾、村井美樹、本郷和人
大歴史チャレンジャー／小林知之、高松信太郎（火災報知器）
声の出演／柿原徹也、置鮎龍太郎、比留間俊哉
撮影協力／木曽馬の里・木曽馬乗馬センター、神戸フィルムオフィス、木曽町観光協会、木曽町文化交流センター、木祖村観光協会、ながのフィルムコミッション、松本観光コンベンション協会、諏訪フィルムコミッション
撮影／羽村智滋、古屋幸二、一戸敦至、佐藤和弘
技術／後平淳一、小池隆、末木孝昌、菊池大地、及川正敏　美術／清水美代子
編集／村本勝　取材／神林茉奈、戸内雄吾
ディレクター／田中宣幸

源平　壇ノ浦の戦い
源義経　おきて破りの真実
2016／3／18放送

出演／高橋英樹、喜屋武ちあき、本郷和人
大歴史チャレンジャー／おほしんたろう
声の出演／柿原徹也、石田彰、比留間俊哉
撮影協力／下関フィルムコミッション、宇部フィルムコミッション、長門市フィルムコミッション、山口県漁協 通支店青壮年部 橘会、山口県漁協 東岐波支店、大泊プレジャーボート協会、通スポーツ振興会、宇部地区弓道連盟、大日本弓馬会、武道振興會
撮影／羽村智滋、五十嵐明、鵜原幸治、前田晋二
技術／後平潤一、三ツ井千尋、菊池大地、杏澤佳、寺田藍、中山翔太、猪須正太
編集／村本勝　取材／奥間勝也、川口穂菜美
ディレクター／田中健一郎

桶狭間の戦い
織田信長　今川軍撃破の秘密
2017／3／24放送

出演／高橋英樹、喜屋武ちあき、本郷和人
大歴史チャレンジャー／小林知之、高松信太郎（火災報知器）
声の出演／島﨑信長、銀河万丈
撮影協力／豊明市、清須市、桶狭間古戦場保存会、内間木公園弓道場、全日本弓道連盟、大阪市千島体育館、日本甲冑合戦之会、吉川和彦
撮影／羽村智滋、金井彰　技術／後平淳一、後藤孝、北口勇輝、菊池大地、一戸敦至
編集／村本勝　取材／川口穂菜美、阿部翔太
ディレクター／田中健一郎

川中島の戦い
上杉vs武田　激戦の秘密
2017／6／7放送

出演／榎木孝明、村井美樹、本郷和人
大歴史チャレンジャー／小林知之、高松信太郎（火災報知器）
声の出演／阪口大助、石塚運昇、比留間俊哉
撮影協力／千葉県フィルムコミッション、長生村、塩尻・木曽フィルムコミッション、木曽町観光協会、日本甲冑合戦之会
撮影／羽村智滋、山口正悟、古屋幸二、佐藤和弘、早野秀彦　技術／永尾知之、道順稔浩、菊池大地、鈴木俊輝
編集／村本勝　取材／宮本真理子、川口穂菜美
ディレクター／李憲彦

戦国鉄砲隊vs騎馬軍団
織田信長　軍事革命の秘密
2015／7／25放送

出演／春風亭昇太、喜屋武ちあき、鹿島茂
大歴史チャレンジャー／レフト鈴木（くりおね）
声の出演／島﨑信長
撮影協力／日本前装銃射撃連盟、長篠設楽原鉄砲隊、新城市設楽原歴史資料館、設楽原をまもる会、さがみはらフィルムコミッション、堺フィルムオフィス
撮影／羽村智滋、鵜原幸治、田中一博
技術／三ツ井千尋、石川浩之、飯塚佑輔、菊池大地、杏澤佳、寺田藍
編集／村本勝　取材／竹岡寛俊、川口穂菜美
ディレクター／田中健一郎

豊臣秀吉　驚異の大返し
天下人への秘策に迫る
2019／3／9放送

出演／鶴見辰吾、小日向えり
大歴史チャレンジャー／小林知之、高松信太郎（火災報知器）
声の出演／伊東健人、三宅健太、比留間俊哉
撮影協力／木曽馬の里・木曽馬乗馬センター、日本大学、リアルビズ、大垣フィルムコミッション、東京大学、垂井町役場、関ケ原町、米原市、長浜市観光振興課
撮影／羽村智滋、鵜原幸治、海老沢郁恵
技術／三ツ井千尋、長尾知之、加藤恵理子、鈴木俊輝、杏澤佳、藤元暁史
編集／新谷拓治　取材／坂井政仁
ディレクター／田中宣幸、奥間勝也

大坂冬の陣
真田丸　徳川撃退の秘密
2016／10／28放送

出演／須藤元気、喜屋武ちあき、千田嘉博
大歴史チャレンジャー／小林知之、高松信太郎（火災報知器）
声の出演／浪川大輔、上田燿司
撮影協力／埼玉県東秩父村、ながのフィルムコミッション、長野商工会議所、真田宝物館、白石城、宮城県白石市
撮影／羽村智滋、土肥桂介
技術／後平淳一、菊池大地　美術／廣田徳弘
編集／村本勝　取材／川口穂菜美
ディレクター／田中健一郎

大坂城の巨大石垣を築け
豊臣・徳川　天下統一の秘密
2015／4／25放送

出演／春風亭昇太、箕輪はるか（ハリセンボン）、藤森照信
大歴史チャレンジャー／おほしんたろう
撮影協力／香川県小豆島町
撮影／山内泰、山田健太郎
編集／村本勝　取材／竹岡寛俊、奥間勝也
ディレクター／棟方大介

池田屋事件
新選組マジックの謎を暴く
2017／12／28放送

出演／伊吹五郎、小日向えり、本郷和人
大歴史チャレンジャー／小林知之、高松信太郎（火災報知器）
声の出演／小野友樹、比留間俊哉
撮影協力／天然理心流 試衛館、日野市
撮影／羽村智滋、田中一博、松山督、一戸敦至
技術／後平淳一、三ツ井千尋、永尾知之、伊計大介、菊地大地、杏澤佳、鈴木俊輝、藤元暁史
美術／長谷川克哉、清水美代子、林武広
編集／村本勝　取材／阿部翔太
ディレクター／田中健一郎

専門家ゲストプロフィール

本郷和人（ほんごう かずと）
1960年生まれ。歴史学者、東京大学史料編纂所教授、専門は日本中世史。『大日本史料』第五編の編纂を担当。大河ドラマやアニメ、漫画の時代考証にも携わる。

千田嘉博（せんだ よしひろ）
1963年生まれ。城郭考古学者、奈良大学教授。日本各地の城の発掘調査・整備の委員を数多く務める。大河ドラマ『真田丸』では真田丸城郭考証を担う。

鹿島 茂（かしま しげる）
1949年生まれ。フランス文学者、評論家。19世紀フランス文学を専門とし、『馬車が買いたい！』でサントリー学芸賞（1991）、『職業別パリ風俗』で読売文学賞（2000）受賞。

藤森照信（ふじもり てるのぶ）
1946年生まれ。東京大学名誉教授、東京都江戸東京博物館館長。専門は建築史研究だが、建築家としても活躍、「ラ コリーナ近江八幡 草屋根」は日本芸術院賞（2020）受賞。

大歴史チャレンジャー

左／小林知之　右／高松信太郎（火災報知器）

おほしんたろう

レフト鈴木（くりおね）

参考文献／千田嘉博 2017「真田丸の復元」『文化財学報』第三十五集、奈良大学文学部文化財学科
『戦国争乱―「桶狭間の戦い」から「大坂の陣」まで』(中央公論新社)
『決定版 図説・源平合戦人物伝』(学研パブリッシング)
『図説・新選組 幕末斬闘賦』(学研パブリッシング)

編集／小林大作(宝島社)、上尾茶子
制作協力／NHKエデュケーショナル、アマゾンラテルナ
装丁／妹尾善史(landfish)
本文デザイン&DTP／株式会社ユニオンワークス

NHK「風雲！大歴史実験」
日本史ミステリーの科学

2021年5月4日　第1刷発行

編　者　NHK「風雲！大歴史実験」制作班
発行人　蓮見清一
発行所　株式会社宝島社
〒102-8388　東京都千代田区一番町25番地
電話　営業：03-3234-4621
編集：03-3239-0927
https://tkj.jp
印刷・製本　株式会社光邦

本書の無断転載・複製を禁じます。
乱丁・落丁本はお取り替えいたします。
©NHK・アマゾンラテルナ 2021　Printed in Japan
ISBN978-4-299-01400-9